CW00500605

Erminia Passann

Singolo e comunità nel film *Uccellacci e uccellini* di Pier Paolo Pasolini

Singolo e comunità nel film *Uccellacci e uccellini*

di Pier Paolo Pasolini

© Erminia Passannanti, 2020.

Collana Transference

Poesia e Cinema

c/o Joker Edizioni

Tutti i diritti sono riservati. Nessuna parte di questo libro può essere fotocopiata, riprodotta, archiviata, memorizzata o trasmessa in qualsiasi forma o mezzo elettronico, meccanico, reprografico, digitale, se non nei termini previsti dalla legge che tutela il diritto di autore.

ISBN: 9798552856947

In memoria

di Antonio De Curtis

in arte Totò

SOMMARIO

Singolo e comunità nel film *Uccellacci e uccellini*, di Pier Paolo Pasolini 5

"Sviluppo e progresso". Pier Paolo Pasolini 57

Poesie 62

Pier Paolo Pasolini. Bio-bibliografia 72

Opere 81

Singolo e comunità nel film *Uccellacci e uccellini*, di Pier Paolo Pasolini

Questo saggio prende in esame il film di Pier Paolo Pasolini *Uccellacci e uccellini*, girato nel 1965 e uscito nel 1966, dopo il *Vangelo secondo Matteo* (1964) e prima di *Teorema* (1968). Lo scopo è quello di analizzare le scene che commentano il viaggio sullo schermo di Totò Innocenti e suo figlio Ninetto, nell'incontro con varie tipologie di comunità mentre si dirigono verso una non bene identificata meta. Questa lontana destinazione si chiarirà essere la dimora cittadina di un ricco ingegnere, a cui Totò dovrebbe restituire dei soldi, forse presi in prestito a usura.

I due personaggi principali, interpretati da Totò e Ninetto Davoli, nel loro cammino costellato di battute, proverbi, e considerazioni tra il serio e il faceto, passano località di campagna e periferia dove la condizione della gente che incontrano è di totale emarginazione e irrilevanza civile. In *Uccellacci e uccellini*, in scene che ne ritraggono usi, costumi e mentalità, queste collettività rurali e di periferia agiscono secondo istinti di adattamento alla povertà della loro classe sociale – istinti che, nella rappresentazione pasoliniana di *Uccellacci e uccellini*, vengono descritti come tragicomici.

L'altro scopo di questo saggio è, pertanto, esaminare come con questo film Pasolini si inserisse, con un disegno allegorico, nel vivo nel dibattito sull'impatto del capitalismo sulle condizioni di vita del proletariato e sottoproletariato urbano e rurale, sulle strategie ed alleanze politiche idonee ad arginare l'arretratezza del popolo, che divideva gli intellettuali di sinistra in quegli anni. Queste collettività contadine e suburbane, mostrate in condizioni di grave indigenza e sottosviluppo, non sembrano avere consapevolezza di vivere ai margini di un mondo che procede all'insegna del profitto e del consumo. Totò e Ninetto vivono anch'essi un'esistenza sociale ed economica di relativa marginalità, la quale tuttavia non toglie al padre una certa dignità e al figlio la sua allegria di ragazzo di borgata, ottimista rispetto al sogno di essere assunto alla Fiat. Ai tanti interrogativi del figlio sul senso della vita e della morte e sulla destinazione di quel viaggio a piedi, il padre ribatte con sicurezza del suo scopo e, a volte, con impazienza. Allo stesso tempo, la sua attitudine tradisce le sue perplessità dinanzi alle molte difficoltà di un percorso accidentato sotto il cielo aperto, affrontato in assoluta solitudine e con il solo ausilio di un ombrello.

Il metodo d'analisi parte da uno schema di decostruzione della struttura narrativa, in parti, sequenze, scene, inquadrature, personaggi, e ruoli. L'approccio considera anche le presenze simboliche nella scenografia e gli andamenti allegorici della fabula. L'analisi condotta non pretende di risolvere le profondità ed ambiguità di questi elementi costitutivi del film, che nell'opera d'arte, specialmente se poetica, sono sempre ineffabili, ma fornire via via delle ipotesi di lettura del testo filmico. La scomposizione delle varie parti della narrazione filmica non si limiterà solo alle fasi del cammino dei due protagonisti ma anche dei cerimoniali delle varie comunità che incontrano. La successione dei fatti consentirà di dare rilievo alla struttura della storia, rispetto alle situazioni socio-ambientali reali di fondo in cui le sequenze hanno luogo. Si dividerà la trama in quattro stadi di sviluppo: inizio solitario del cammino, soste in comunità laiche e religiose, arrivo a destinazione nella società borghese, ritorno a casa.

Si esaminerà, inoltre, la strategia narrativa della "storia dentro la storia", determinata dal racconto del corvo, che narrando di Frate Ciccillo e Frate Ninetto, seguaci di San Francesco, introduce elementi surreali e mitici e trasforma Totò nel protagonista di una storia parallela dove il nobile comico napoletano impara la lingua degli uccelli e comunica con loro.

Scheda del film

Regia, soggetto e sceneggiatura: Pier Paolo Pasolini
Genere: Commedia
Anno: 1966
Paese: Italia
Durata: 88 min.
Attori protagonisti
Antonio De Curtis (Totò): Totò Innocenti /Frate Ciccillo
Ninetto Davoli: Ninetto Innocenti / Frate Ninetto
Musiche: Ennio Morricone

Premi:

Festival di Cannes 1966: menzione speciale a Totò per l'interpretazione

Nastro d'Argento 1967: miglior soggetto originale, migliore attore protagonista (Totò)

Parte 1

"Una piccola *troupe* si aggira
per le periferie, le campagne e i paeselli."

La trama narrativa

Due uomini, Totò Innocenti e suo figlio Ninetto, sono in cammino per raggiungere una destinazione che rimane ignota fino alla fine. Sulla strada incontrano un corvo che li accompagna, offrendosi di intrattenerli con la storia di due fraticelli, Frate Ciccillo e Frate Ninetto, ambientata in epoca medievale. Dopo un lungo cammino stremante, i due uomini raggiugono la ricca dimora di un ingegnere per comunicargli che non hanno i soldi che devono restituirgli. Dietro minacce di ritorsioni, scoraggiati si avviano di nuovo a piedi verso il luogo da dove sono venuti. Sulla via del ritorno, padre e figlio uccidono il corvo per mangiarlo e consumano di nascosto l'uno dall'altro un rapporto con una giovane prostituta di nome Luna seduta al ciglio della strada.

Le narrazioni filmiche di Pasolini, per quanto autenticamente "cinematografiche", non sono prive di contaminazioni con un altro suo genere assiduamente frequentato: la saggistica a sfondo sociologico e politico. Ne è prova la presenza nei suoi film di citazioni e riferimenti non solo alle sue rubriche di scambi con i lettori, ma al vivo mondo dell'attualità. Questi film presentano allo spettatore gli stessi fatti e la stessa gente di cui Pasolini tanto discusse nelle sue pubbliche apparizioni e di cui appassionatamente scrisse nei dialoghi con i lettori oggi inclusi ne *Le belle bandiere* e il *Caos*. In una lettera ai lettori su "Vie Nuove" del 30 settembre 1965, Pasolini, rivolgendosi ai suoi interlocutori, spiegava:

> Devo congedarmi un'altra volta dai lettori di "Vie nuove". Si tratta, anche questa volta, però, di un congedo provvisorio. Comincio a girare fra pochi giorni il nuovo film (ed è dovuta alla preparazione di tale film la mia irregolarità nella stesura della rubrica in queste ultime settimane): e durante il periodo in cui "si gira", il tempo per un regista diventa una dimensione mostruosa, riempita da un raggio imprevedibile di occupazioni. Tuttavia, in un certo senso, mentre l'altra volta, quasi due anni fa, interrompendo la rubrica di "Vie nuove", passavo a un lavoro completamente nuovo, imprevisto, ossia l'esecuzione del *Vangelo*, stavolta, in un certo senso, con *Uccellacci e uccellini*, continua altrove, in altra sede, con altri mezzi, il mio dialogo con i lettori di "Vie nuove". Intanto i tre episodi, o favole esopiane, di cui *Uccellacci e uccellini* è composto, sono stati pubblicati nella loro prima stesura appena ideata su "Vie nuove": lasciando magari abbastanza sconcertati lettori, ma tuttavia non uscendo dai temi del dialogo. (Pasolini, 1965)

Per parlare di questa attualità, Pasolini sapeva di dovere ricorrere all'allegoria ed il modello fu quello della *Commedia* di Dante Alighieri, di cui uno scopo è la scoperta del fine del destino umano, spiegato agli umani nella loro lingua viva.

Un interrogativo aleggia sul viaggio dei personaggi di Pasolini: "Dove va l'umanità? Boh!" E chi è questa umanità, da chi è composta? L' "altro", che Pasolini racconta nel viaggio allegorico di *Uccellacci ed uccellini*, è l'abitante delle borgate e delle comunità urbane della periferia e delle zone agricole sottosviluppate. L'unico modo di conoscerlo era lasciare che si rappresentasse; ed ecco che la scelta dei due protagonisti ricadde da una parte sul primo grande divo (dopo Anna Magnani) del suo *casting*, Antonio De Curtis, in arte Totò, e dall'altra sull'esordiente destinato a diventare un suo abituale attore, Ninetto Davoli.

In un saggio incluso in *Lettere luterane*, pubblicato postumo nel 1976, dal titolo "Come è mutato il linguaggio delle cose", datato 1° maggio 1975, rivolgendo il suo scritto di pedagogia sociale ad un ipotetico giovane degli anni Settanta, chiamandolo, Gennariello, Pasolini ribadiva ancora una volta il suo amore per le aree sottosviluppate dell'Italia capitalistica, sottoposta ad un processo inarrestabile di "mutazione antropologica". Con enfasi portata sul suo personale percorso di conoscenza, divenuto ormai un meditare pessimistico, Pasolini assumeva qui il suo tipico tono interlocutorio intriso di polemica contro i giovani proletari di quegli anni che, loro malgrado, avevano ereditato la visione del mondo e la protesta dei figli della borghesia:

> Io, dunque, della realtà fisica della periferia ero educato alla certezza, a un amore profondo, sicuro, insostituibile. [...] Quanto alla campagna, [...] essa è stata la certezza d'una continuità con le origini del mondo umano, e ha valorizzato, fino a dar loro carattere quasi di rito, ogni minimo gesto, ogni parola. (Pasolini, 1976: 57-70)

A proposito della scelta di Totò come materiale attoriale idoneo ad attuare il suo stile "espressionistico" fatto di comicità, violenza, immediatezza, nel programma RAI

"Anteprima settimanale dello spettacolo", in onda il 21 marzo del 1966, Pasolini precisò:

> Totò riuniva in sé in maniera assolutamente armoniosa, indistinguibile, due momenti tipici dei personaggi delle favole: l'assurdità, il clownesco, e l'immensamente umano, … umano proprio come nelle favole della nonna. (Pasolini, 1966)

Tutti i viaggi hanno una guida spirituale o intellettuale e, in *Uccellacci e uccellini*, questa guida – o voce narrante intradiegetica dall'accento romagnolo e dall'eloquio borghese (Francesco Leonetti) – è un tipico intellettuale marxista degli anni Cinquanta che si presenta ai due sotto la forma allegorica di un saggio corvo che si affianca a loro in una delle prime scene, chiedendo il permesso di accompagnarli durante il cammino. La voce narrante del corvo all'interno del testo filmico è la voce dell'ideologia e dell'*authorship*. Il suo ruolo è quello di immettere nella fabula il dato storico del XI Congresso del Partito Comunista, tenutosi dal 25 al 31 gennaio del 1966[1], che vide il PC spaccarsi tra la linea integralista proposta da Pietro Ingrao e quella di Amendola-Longo, aperta ad una unificazione dei partiti di sinistra. Questa presenza rende in qualche senso ridondante i tentativi di interpretazione da parte della critica di aggiungere qualcosa che non sia stato già detto esplicitamente o implicitamente dall'autore, ovvero, ne limita l'estensione. Pur nel suo aspetto lugubre, il corvo fa trionfare la sua prospettiva individuale, rivolgendosi al suo pubblico.

---

[1] Il XI Congresso del PC si tenne durante la IV Legislatura, sotto il Governo Moro (22 luglio 1964 – 23 febbraio 1966).

Ogni evento delle figure-chiave della narrazione, simbolico o materiale – dall'estasi di Frate Ciccillo che si nutre di ortiche e cicoria, al pianto dei comunisti italiani al funerale di Palmiro Togliatti – rimanda all'importanza dei riti di passaggio all'interno delle comunità e, allo stesso tempo, critica il centralismo del Vaticano che abbandona le comunità di credenti a se stesse in condizioni di totale liminalità, dibattute tra l'ignoranza dei dogmi del culto ufficiale e la necessità psicologica del sacro.

Il film si apre (e si chiude) con una canzone cantata da Domenico Modugno nello stile del menestrello medievale che presenta i titoli di apertura mentre una bianca e grande luna scompare dietro le nubi. Nei versi del menestrello la vita è descritta come un triste e lieto girotondo, adombrato dal più greve pessimismo dell'artista intellettuale. A tale proposito, Enzo Pio Pignatiello ha notato:

> Tutto il pessimismo disfattista di Pasolini, tipico di questa fase del suo cinema, si rivela prepotentemente nell'abisso che separa l'astrattezza ideologica, inutilmente esortativa ed ammonitiva del corvo – alias intellettuale borghese comunista – e la concretezza fisiologica degli impulsi del corpo dei due vagabondi – alias proletari e sottoproletari. (Pignatiello, 2017)

Le prime scene mostrano padre e figlio che avanzano su quella che sembra un'autostrada in costruzione in una zona fuori città. I due protagonisti, che hanno iniziato un viaggio sulla "strada della vita" (Aaronson, 2020), presto s'imbattono in varie persone, comunità e situazioni contro gli sfondi dei tipici scenari pasoliniani di campagna, periferia e città. Via via che il tragitto procede sotto il sole, la coppia mantiene un dialogo continuo, fatto di riflessioni serie e di battute di spirito. Totò e Ninetto sono ben disposti a fermarsi ad ogni tappa del percorso per unirsi alla gente che incrociano. Alcune battute informano che Totò possiede una stalla di vacche; padre di diciotto figli, non si è tirato indietro dal compito di procreare. Di questo primo figlio, il vecchio sta sistemando le pratiche per farlo assumere come operaio alla Fiat. Dagli argomenti bizzarri di cui discutono viene spontaneo un nesso con Vladimir ed Estragon, i due vagabondi di *Waiting for Godot* (1952), di Samuel Beckett, laddove i due girovaghi, fermi al crocicchio, hanno uno stesso modo semiserio di disquisire sui grandi e piccoli temi dell'esistenza – la vita, la condizione economica, la morte, un fastidioso callo al piede, le urgenze intestinali – qui posti quasi sempre dal giovane Ninetto a suo padre Totò con una *naïveté* che riflette il cognome del genitore, "Innocenti" e della genitrice "Semplicetti Grazia".

Nella sua prosasticità, la situazione descritta è insieme comune ed insolita: *comune* perché in una storia cinematografica di quel periodo, a venti anni dalla fine della guerra, cercare di rimediare soldi era posto dai registi quasi come un istinto basilare del personaggio del proletariato; *insolita* perché i due protagonisti sembrano piuttosto avere accettato le loro difficoltà e le presentano con allegria e gusto del grottesco come una commedia di cui essere le maschere. Maschere con una identità autoironica, diversa dalle maschere tragiche degli individui alienati nei centri metropolitani. In una sequenza girata sopra un viadotto in costruzione, nella prima parte del film, Pasolini affida a Totò delle battute che sintetizzano i contenuti della sua poesia "La livella": "Totò:

> È morto un ricco. Qua giace uno pieno di soldi. Il riso è quello che salva la loro condizione. [...] Per un ricco

morire è come pagare il conto alla vita. Paga, sì, ma la vita gli ha dato qualche cosa. Invece il poveraccio paga e dalla vita non ha avuto niente. Che fa il poveraccio? Passa da una morte all'altra morte. (*Uccellacci Uccellini*, minuto 11:30: 13:00).

La sequenza successiva accompagna padre e figlio fino ad un villaggio – il vecchio con cappello, abito con cravatta e ombrello, il giovane con calzoni aderenti, maglione con il collo alla "dolcevita" ed un giubbotto in stile americano. Le inquadrature sono quasi sempre frontali e riprendono alla distanza i due che avanzano verso la cinepresa. Giunti alla costruzione fatiscente del baretto "Las Vegas", il giovane si unisce ad un ballo di ragazzi suoi coetanei (simile a quello che apre il cortometraggio *La ricotta*) sulle note di un ritmo "beat" mentre il padre appoggiato al bancone del bar manifesta perplessità per i cappelli cotonati del cameriere. Il ballo dei ragazzi, scenograficamente ambientato nello spiazzo del bar, puntualizza che le nuove generazioni, sebbene decentrate, sono comunque raggiunte dalle novità della loro epoca tramite i *media*. Anche il loro abbigliamento è un chiaro indice di questa modernità di fatto. Una corriera passa e non si ferma a caricare i giovani che attendono di andare in città. Simbolicamente è la solita occasione perduta degli scanzonati giovani della classe proletaria.

Da questo punto del cammino in poi si iniziano a riconoscere i luoghi delle ambientazioni accuratamente scelte da Pasolini: Torre Righetti, Monte del Trullo, la Borgata Petrelli, Villa Kock, e poi, Tuscania, e squarci dell'aeroporto di Roma-Fiumicino. Il *background* continua ad essere quello di case semicostruite, ponti autostradali, centri con ruderi che rappresentano già una cifra stilistica del cinema di Pasolini. Una ricerca dell'arcaico in questi scorci non implica una prospettiva nostalgica sul passato, ma una critica alle sue macerie nel presente. La mappatura dei posti del decentramento antropologico di Roma si svolge sullo schermo man mano che la coppia avanza verso la sua meta. Dal centralismo della cultura della capitale, la storia entra fin dentro le sue sottoculture popolari e contadine, specialmente sul piano delle tracce musicali di Ennio Morricone a commento di scene e sequenze. [2]

---

[2] Lista dei titoli delle tracce musicali di Ennio Morricone per *Uccellacci e uccellini*: 1. Uccellacci e uccellini - titoli di testa, 2. Aforismi, 3.Teatrino all'aperto, 4. Nidi di rondine, 5. Scuola di ballo al sole, 6. S. Francesco parla agli uccelli, 7. Il corvo professore, 8. Teatrino all'aperto 2, 9. Scarpe rotte, 10. Uccellacci e uccellini, 11. Le tracce musicali del film Uccellacci e uccellini sono disponibili sull' URL:
https://www.mymovies.it/dizionario/colonnasonora.asp?id=26072

Qui iniziano a comparire anche gruppi di comparse dai volti selvatici, che si raggruppano curiosi dinanzi ad eventi e riti della comunità (Totò: "Un matrimonio?" Comparsa: "Boh?").

La collettività del villaggio schierata osserva ciò che accade, interrogandosi, così come farebbero degli spettatori al cinema o a teatro. Questo genere di pubblico interno all'opera è tipico nei film di Pasolini: era, ad esempio, già presente in diverse scene del film *La ricotta*. Il pubblico in sala vede se stesso nel pubblico diegetico come testimone dell'osmosi tra ciò che è *fictional* e la realtà. Con l'intento di celebrare, satirizzandola bonariamente, la disastrata condizione economica della gente del posto, Pasolini realizza delle inquadrature statiche che mostrano targhe con nomi di strade dedicate a gente qualunque: "Via Benito La Lacrima, Disoccupato", "Via Lillo Strappalenzola. Scappato di casa a 12 anni". Siamo su un versante opposto alla logica che nomina le strade in ragione della celebrità e della grandezza dei soggetti storici, Via Gramsci, Viale Mazzini e Piazza Dante Alighieri. Questi dettagli didascalici indicano che l'autore, particolarmente rispetto alla scelta del genere "commedia", sta consegnando ai suoi interlocutori capaci di intenderlo un messaggio dai precisi risvolti sociologici e che la narrazione investe personalmente il punto di vista critico politico del regista. Il genere comico, infatti, comunica esso stesso il tipo di approccio che l'autore ha scelto di avere verso queste problematiche. La bonaria satira consente a Pasolini di non mettersi in una posizione preponderante nella gerarchia fuori e dentro la struttura del film.

L'episodio successivo vede Nino fare una scappata per andare a trovare una sua amica. La trova che si sta vestendo da angelo e la canzona mentre le amiche l'addobbano per una recita a sfondo religiosa organizzata per i bambini dell'asilo dalle suore del paese. Con ali piumate ed una tunica bianca, l'attrice non professionista, Rossana di Rocco, è la stessa che interpretò l'arcangelo Gabriele nel *Vangelo secondo Matteo*. La scena è ambientata nello squallido cortile di un deposito di rottami, dinanzi ad una costruzione non completata, edificata con nudi mattoni. La ragazzina parla con un'inflessione romanesca e affronta Nino colpevolizzando per avere amoreggiato “al prato” con una sua compagna di classe. Il tema è inerente alla cultura giovanile delle balere mentre lo scambio verbale è allusivo di un’intesa sessuale che Nino desidera e la ragazza no. Nino cita la possibilità di passare a prenderla con la 600 di un amico, e la ragazza cede, ma accetta solo se con la 600 la porterà a ballare. Il tema della gioventù investita dalla nuova cultura dei media è presente in quasi ogni film di Pasolini, che la studia e la riporta con crescente apprensione rispetto alla perdita dei valori del passato in ragione di quelli posticci del presente, creati dall’industria capitalistica responsabile di una nuova mutazione antropologica. La ragazza, per dispetto, si sottrae allo sguardo allusivo di Ninetto e corre via per poi riapparire al primo piano della casa in costruzione, nel vano di un balcone senza infissi come un’apparizione angelica.

Questo dettaglio anticipa stilisticamente la scena dell’ascesi della serva Emilia in *Teorema* nel cortile del suo caseggiato. Il riutilizzare lo stesso volto per ruoli affini, come se fossero degli archetipi evangelici, è una prerogativa delle scelte del *casting* di Pasolini che pensa al cinema anche un po' come il teatro greco delle maschere tragiche (*τραγικά πρόσωπα*) e maschere comiche (κωμικές μάσκες). La ragazzina non è in rapporto di analogia diretta con l'angelo perché ha atteggiamenti che divergono da una più semplice sovraimpressione di figure. Infatti, quest'angelo "al femminile", che ha un chiaro *flirt* con Ninetto, qui assume atteggiamenti profani.

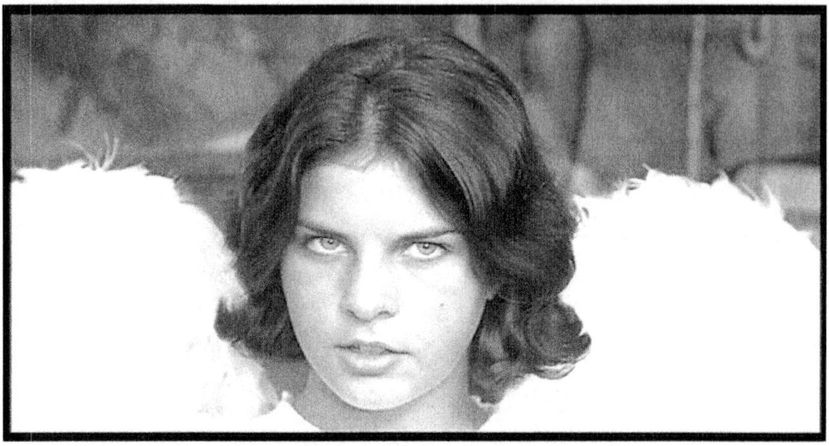

Il segno visivo delle ali bianche, appuntate sulle spalle della tunica della ragazzina, prelevato dall'iconografa dell'arte cristiana, subisce un repentino passaggio al presente del *set*, filtrato dalla comprensione che ne ha, e dall'uso che ne fa, la generazione di questa giovanetta del secondo Novecento, che con le sue amiche lo vive come recita, ovvero travestimento per una festa della sua comunità. Come evidenzia Turner nel saggio *From Ritual to Theatre. The Human Seriousness of Play* (1982), i rituali religiosi hanno, da sempre e in qualsiasi forma di culto organizzato in una struttura, un forte potenziale di stimolare dinanzi alla comunità il passaggio dei contenuti del rito a quelli della performance folkloristica teatrale.[3]

[3] In *Dramas, Fields and Metaphors: Symbolic Action in Human Society*, Turner sviluppa due approcci antropologici alla religione, laddove il primo

Pasolini, dunque, filma un'epoca in cui i riti religiosi sono autonomamente gestiti dalle comunità laiche in modo collaterale ai culti della chiesa con un passaggio ormai consolidato dalla struttura del potere gerarchico formale all'"antistruttura" della *communitas*. L'antico statuto dei riti della religione ufficiale ha in buona misura perso il potere diretto di mettere in dubbio e destabilizzare ciò che questi giovani del film di Pasolini hanno già appreso dalla TV, dai loro miti moderni e dalla cultura alternativa dei loro coetanei.[4]

---

ne descrive i riti come forme di nevrosi che rappresentano meccanismi di difesa per l'individuo e la comunità, e il secondo che mette in evidenza la corrispondenza tra i simboli religiosi e la struttura stessa della società che promuove l'integrazione. (Turner, 1974: 57)

[4] Turner ha notato che un impatto significativo della televisione e di altri media sulla vita contemporanea è dato dalle loro modalità performative, che possono essere percepite come dei momenti rituali "liminali" rispetto alle forme ufficiali della cultura di una società. (Turner, 1982)

Il viaggio a piedi di Totò e il figlio riprende nell'orizzonte di una meta che continua ad essere ignota a Ninetto. Il percorso è lungo e stancante per il giovane impaziente di tornare a casa dagli amici. Ma il figlio, pur non conoscendo la destinazione del cammino, non perde la solidarietà con il genitore, mostrando fiducia ed abbandono alle sue indicazioni. I ruoli sono, dunque, rispettati in questa numerosa famiglia proletaria presentata sulla scena da Pasolini.

Ogni viaggio, specialmente se allegorico, ha delle tappe, e su questa scansione Pasolini costruisce l'avventura insieme organica e frammentata, a tratti monotona e a tratti esagitata, dei suoi due personaggi diretti "chissà dove". A proposito dell'uso dell'allegoria, nel saggio "Costruzione di una 'costruzione': il Baudelaire di Benjamin, il moderno, l'allegoria", pubblicato nella rivista *Allegoria* (n. 1, anno 1989), commentando Walter Benjamin, il critico Romano Luperini ha fatto notare che l'allegoria è un momento di autocoscienza dell'arte [e dell'artista] dell'età moderna e, insieme, uno strumento di difesa, una corazza..." L'allegorista, mediante la demistificazione critica, elaborata dal suo "intrinseco furore distruttivo", indica, infatti, una serie di procedure, come "la frammentazione, l'interruzione, il rapporto tra il singolo pezzo ed il montaggio, il ricorso al "pensiero" per estraniare la rappresentazione e indurre il pubblico al distacco e alla vigilanza critica nei confronti di ciò che viene rappresentato". In questo potere distruttivo, continua Luperini, risiede il carattere "progressivo" dell'allegoria.

> [L'allegoria] svolge nondimeno anche un compito di conservazione e, verrebbe voglia di dire, di 'salvataggio': da un lato, strappa l'oggetto dal contesto, sciogliendolo dai suoi nessi vitali e isolandolo come una monade; dall'altro,

> proprio facendo così, lo conserva: la monade ha dentro di sé il mondo da cui è stata divelta. Questo si presenta al suo interno non come un semplice riflesso ma come il risultato di un rovesciamento, e cioè privo di quella 'normalità' e 'naturalità', di quell'apparenza di organicità e soprattutto di quell'ordine teleologico con cui usualmente si manifesta. In secondo luogo, il frammento, così isolato, entra a far parte di un nostro modo di interpretare la realtà e di darle un significato. (Luperini, 1989: 20-21)

Tramite queste tecniche, l'allegorista, continua Luperini, "riflette lo smembramento, la disarticolazione di una realtà reificata, ma anche la conosce e la raffigura criticamente, togliendo alle cose l'apparenza di totalità e di organicità che emana da ogni ordine dato." (Luperini, 1989: 21)

La struttura del film *Uccellacci e uccellini* è abilmente costellata da eventi ed incidenti, che movimentano la monotonia del percorso. La prima parte si conclude con l'arrivo del corvo parlante che si affianca a Totò e Ninetto mentre camminano su un tratto sopraelevato di autostrada in via di costruzione: "Corvo: "Amici, dove andate? Non mi volete come compagno di strada, eh? – "Il cammino incomincia e il viaggio è già finito." – "Volete dirmi dove siete diretti?" Totò: "Laggiù! Laggiù". Padre e figlio, incuriositi, cercano a loro volta di indovinare l'identità dell'"uccellaccio" nero: un profeta? un poliziotto? Il corvo dice di se stesso di venire da un paese lontano che si chiama "Ideologia" e di abitare nella "Capitale del Futuro", in "via Carlo Marx". La presunzione di quest'autodefinizione è perfettamente intesa dai due umili interlocutori. Totò, per contrasto, sghignazzando, precisa che loro invece vengono dal borgo della Munnezza, famoso in tutto il mondo per il martirio di Sant'Analfabeta. Il corvo, che dichiara le sue origini nell'astrazione ("I miei genitori sono il signor Dubbio e la signora Coscienza") loda la santa ignoranza dei suoi nuovi amici:

> Beati voi che ve ne andate come padroni per le strade della periferia e della città; che entrate col sole e i giovani operai nei baretti delle otto del mattino; che date bacetti a ragazze vestite d'angelo e discorrete della vita e della morte con le prime parole che vi vengono alle labbra…[…] La vostra innocenza, la vostra semplicità e la vostra grazia sono religiose: è religione la forza che vi porta un passo dopo l'altro per la vostra strada che nessuno sa, che siate contadini, o operai non importa, una strada dove si incontrano tutte le strade del mondo… E a proposito di religione, voglio raccontarvi una storiella. Posso?

Il corvo prende a narrare loro la storia di frate Ciccillo e frate Ninetto, seguaci di San Francesco.[5]

---

[5] L'inserto della "storia nella storia" dura dal minuto 18:03 al minuto 46:27.

Parte 2

"Solo nella tradizione è il mio amore."
(P.P. Pasolini)

Qui ha inizio la struttura narrativa del "racconto nel racconto", in scene e sequenze ambientate tra le architetture medievali di Assisi, la città di San Francesco, in Umbria. I due protagonisti restano Totò e Ninetto, solo che l'epoca è sbalzata indietro al 1200 e i due uomini sono dei frati. La voce fuori campo del corvo annuncia: "Siamo nel 1200, ma il riferimento a fatti e a persone dei nostri giorni non è affatto casuale." Con questa precisazione enfatica, Pasolini proponeva allo spettatore una interpretazione allegorica del "racconto nel racconto", come a significare: la storia di San Franceso va letta alla luce dei fatti attuali che avete tutti sotto gli occhi. La nota, volutamente ridondante, introduce la prospettiva del materialismo storico, per la quale le condizioni concrete socioeconomiche, insieme a quelle sovrastrutturali, ideologiche, politiche e religiose di una realtà passata, possono spiegare alla distanza eventi, persone ed idee del presente. Così il ricco Francesco, che si spoglia dei suoi beni per darli ai poveri e predica l'Amore a tutte le creature del creato, porta con sé un messaggio universale di pace, consegnato da Frate Ciccillo ai contemporanei del regista.

Ha inizio, dunque, il racconto allegorico a sfondo politico dei due fraticelli seguaci di Frate Francesco. Il tema portante, che corre in modo trasversale, è la critica alle istituzioni ecclesiastiche. L'altro tema riguarda gli aspetti semipagani della religione cattolica, così come è vissuta dalle comunità rurali lontano dal controllo della Chiesa di Roma. Le scene e sequenze, che riguardano la sacralità arcaica della comunità che i due fraticelli incontrano, rimandano alle teorie del fenomenologo della religione, Mircea Eliade, ne *Il sacro e il profano* (1957).

Non bisogna essere tratti, tuttavia, in inganno rispetto all'interesse di Pasolini per la rappresentazione di queste forme arcaiche di religiosità, che nei suoi film non sono mai senza uno scopo didascalico laicamente inteso, rinviando ad altri ambiti, in qualche modo religiosi in modo latente, pur se ormai desacralizzati, come il sentimento di appartenenza ad un dato territorio e ad una data comunità, come ricorda in un suo intervento critico Filippo La Porta, citando la distinzione di Eliade tra "uomo religioso" e "uomo profano". La Porta, nel suo saggio "Il sacro è la realtà stessa. Un concetto pasoliniano dalle implicazioni fortemente politiche" scrive: "Il sacro [di Pasolini] rimanda dunque a una relazione con la realtà, con quanto in essa vi è di gratuito, incalcolabile, irriducibile alla razionalità e all'agire. [...] Il sacro coincide con la realtà, però questa deve essere vista attraverso uno sguardo "diverso": quello del poeta o del mistico, o in generale di chiunque abbia purezza di cuore e sappia rinunciare alla speranza, delle tre virtù teologali, quella che genera inganno e alienazione (irrealtà). (La Porta, in Felice, Gri: 2013: 33)

Il senso del sacro della comunità che inizia a venerare Frate Ciccillo, a cominciare dalle tre megere sora Gramigna, sora Grifagna e sora Micragna, è infatti tipico delle società arcaiche quando al loro interno un potere sconosciuto si manifesta, e quello di Frate Ciccillo è di riuscire a comunicare con gli uccelli. Un ulteriore tema riguarda la ricerca profonda (qui attuata attraverso la meditazione e l'ascesi) dei modi efficaci della comunicazione per diffondere a persone e animali la capacità di comprensione del messaggio ideologico di Cristo.

Le comunità in cui Frate Ciccillo e Frate Ninetto si imbattono sono alternative a quelle incontrate finora nel loro viaggio: da una parte gli stormi di falchi e passeri, dall'altra, quella dei frati di Francesco. Francesco affida al vecchio fraticello la missione di evangelizzare gli uccelli in conflitto tra loro. Prima di affrontare l'impresa di evangelizzare gli uccelli, Frate Ciccillo deve pregare per ricevere la grazia di apprenderne la lingua. Quando riesce nell'impresa, cinguettando e guardando verso il cielo, inizia un dialogo diretto con la Natura:

> Frate Ciccillo: Falchi, falchi, venite, ascoltate.
> Uccelli: Chi siete? Che cosa volete?
> Frate Ciccillo: Siamo creature di Dio. Vogliamo parlare con voi, creature di Dio.
> Uccelli: Dio? Chi è Dio?
> Frate Ciccillo: Il creatore delle creature.
> Uccelli: E per quale ragione Dio ci ha creati?
> Frate Ciccillo: Voi perché avete creato i vostri figli?
> Uccelli: Allora ognuno di noi è Dio?
> Frate Ciccillo: Esagerati! Ecco, non gli puoi dare un po' di considerazione che s'allargano subito.
> Uccelli: E che cosa vuole da noi questo Dio?
> Frate Ciccillo: Amore!
> Uccelli: AMORE...AMORE!

L'equilibrio tra celebrazione della parola evangelica e parodia, qui, è mantenuto sapientemente in bilico. L'altra comunità di volatili, quella dei passeri, tuttavia, non risponde al cinguettante richiamo di Frate Ciccillo. Pertanto, con un'ulteriore meditazione/intuizione, Frate Ciccillo comprende che essi comunicano mediante i saltelli. "Frate Ciccillo: I passeri non si parlano, cinguettando! Che baccalà sono stato! Oh, signore, speriamo sia la volta buona." La voce narrante fuoricampo del Corvo precisa: "Come, dunque, si parlavano tra loro i passeri? Che linguaggio aveva imparato Frate Ciccillo nelle sue lunghe meditazioni? Semplice, che i passeri comunicano saltellando!" Questo dettaglio sottolinea che ciascuna collettività ha i suoi modi della comunicazione e chi voglia entrarvi in contatto deve antropologicamente e linguisticamente fare lo sforzo di acquisirli.

La missione non è per questo compiuta perché, pur amando Dio, falchi e passeri sono in lotta tra loro. Frate Ciccillo e Frate Ninetto scoppiano in lacrime nel vedere un falco piombare su un passero e divorarlo. (min. 45:11) San Francesco interviene a spiegare che la missione sarà compiuta solo quando Frate Ciccillo insegnerà alle due collettività di uccelli come conciliare le proprie realtà e i propri linguaggi, nella pace del Signore. Che è "Amore". Il dialogo tra Frate Ciccillo, Frate Ninetto e San Francesco recita:

> Ciccillo: Ecco, frate Francesco, noi i falchi li abbiamo convertiti; e i falchi, come falchi, l'adorano il Signore. E poi, frate Francesco, pure i passeretti li abbiamo convertiti; ai passeretti, come passeretti, per conto loro, je stà bene, l'adorano il Signore. Ma il fatto è che fra di loro si sgrugnano, s'ammazzano... e... e... e che ci posso fà io se... se... se ci stà la classe dei falchi e la classe dei passeretti, che non possono andà d'accordo fra di loro.
> Francesco: Che ce poi fà?! Ma tutto ce poi fà! Con l'aiuto del Signore!
> Ciccillo: Come sarebbe a dì?
> Ninetto: Come sarebbe a dì?
> Francesco: Sarebbe a dì che dovete andare ad insegnare ai falchi e ai passeretti tutto quello che non hanno capito e che voi dovevate faje capì!
> Ciccillo: Come?
> Ninetto: Come?
> Francesco: Bisogna cambiallo questo mondo, fra Ciccillo! È questo che non avete capito! Un giorno verrà un uomo dagli occhi azzurri e dirà: "Sappiamo che la giustizia è progressiva, e sappiamo che man mano che progredisce la società si sveglia la coscienza della sua imperfetta composizione e vengono alla luce le disuguaglianze stridenti e imploranti che affliggono l'umanità". Non è forse questa avvertenza della disuguaglianza tra classe e classe, tra nazione e nazione, la più grave minaccia della pace! Andate e ricominciate tutto daccapo, in lode del Signore.

> Ciccillo: Andiamo, Niné! Ricominciamo, sù! Andiamo, sù, figlio mio, non t'avvilì! Non t'avvilì! Coraggio, coraggio, sù, allegri!

L'allusione è ampia ed include il difficile compito di conciliare i confitti di classe tra il ceto dei "falchi" e il ceto dei "passeretti", a proposito dei quali, il critico cinematografico Roy Aaronson ha osservato:

> D'altra parte, non è possibile pacificare i "falchi-uccellacci-borghesi" che stridono e i "passeretti-uccellini-proletari" che saltellano proprio perché le due specie non parlano la stessa lingua: gli uni sono rapaci mentre gli altri sono mansueti; i primi giocano il ruolo di predatori mentre i secondi subiscono quello di prede, ma soprattutto i falchi basano la loro esistenza materiale sul perenne tentativo e sulla continua necessità di sopraffare i passeri. (Aaronson, 2020)

Del resto, visto che il soggetto principale di questa favola-apologo cinematografica è l'analisi dei rapporti materiali, delle realtà socioculturali e delle diverse classi sociali in perenne scontro ideologico, l'allusione potrebbe essere estesa agli stessi scontri interni ai partiti al governo, e forse, più da vicino, alle dispute ideologiche sui principi marxisti, interne al PC, comparate a zuffe e battibecchi di uccelli.[6] In questo piano

---

[6] La studiosa Natalia Palomar ha individuato una corrispondenza tra la commedia di Aristofane *Uccelli* e il soggetto di questo film di Pasolini, anche evidenziando la presenza di due protagonisti in viaggio verso un paese ideale che poi scoprono essere tanto in conflitto e corrotto quanto il loro: "Questo lavoro mette a confronto le due opere. Il registro comico del film [di Pasolini] consente di mettere a fuoco una questione chiave: l'elaborazione di una certa figura corale da parte di Pasolini, coincidente con il motivo nucleare della commedia antica, il suo coro di *Uccelli*.

temporale sdoppiato tra passato utopico della predicazione francescana e il presente dei reali conflitti di partito, la missione di Frate Ciccillo e Frate Ninetto è allo stesso tempo tenera, comica, impossibile nei fatti e possibile nel regno del fiabesco e del surreale.

Una volta evangelizzati gli uccelli, in una scena sublime con il sottofondo di una rivisitazione di Mozart, realizzata da Ennio Morricone, i due frati si recano di nuovo presso una comunità: questa volta è quella di paesani umbri, che riconoscono in frate Ciccillo un possibile santo da venerare e a cui chiedere delle grazie e dei miracoli.[7] Sora Gramigna, sora Grifagna e sora Micragna si interrogano per prime sull'arrivo dei due frati e, a sentire dalla viva testimonianza di Frate Ninetto dei suoi miracoli, iniziano a cantare "Ora pro nobis!", sortendo un effetto grottesco.

Francesco Faeta, nel saggio "Dare immagini alla manifestazione del sacro", nota: "Pasolini comprendeva come il sacro, di per sé nascosto, per divenire realtà nel mondo, abbia bisogno di manifestarsi. Come il suo dominio elettivo sia, dunque, quello visivo." (Faeta, in Felice e Gri, 2013: 19) Ed ecco che Frate Ciccillo in estasi dinanzi agli uccellini è riconosciuto come una sua manifestazione.

(Palomar, 2011) Mia la traduzione dallo spagnolo, lingua originale del saggio di Palomar.

[7] Lo stesso anno, Mario Monicelli realizzava il film ambientato nel Medioevo, *L'armata Brancaleone* (1966).

Watch later

L'allegoria della "storia nella storia" si spinge fino al punto che Frate Ciccillo, per le sue prerogative di ascesi e comunicazione con gli uccelli, rifiutando di essere il santo locale della comunità del paese, si stanca di quel culto idolatra così celermente e ridicolamente ritualizzato dalla delirante *communitas* e butta per aria il suo stesso altare allestito per la preghiera.[8] Mentre si disperde la processione per le offerte votive al fraticello, una panoramica mostra la bailamme dinanzi al sagrato della chiesa creata da giochi e lazzi medievali. In questa scena, Pasolini passa dal rito al teatro, dal sacro alla sua *performance* collettiva in un'atmosfera carnascialesca. Il set cinematografico diventa uno *stage* teatrale. L'allegria della gente in festa senza freni inibitori produce l'estetica e l'antropologia del teatro grottesco, nonché dei dettagli di folklore di interesse etnografico. Come ha teorizzato Victor Turner in *From Ritual to Theatre: The Human Seriousness of Play*, nella festa popolare convergono i tempi ed i modi del "sacro", del "lavoro", del "gioco," così che la vita diventa rituale e teatro. (Turner, 1982) I simboli ed i rituali di una cultura possono, infatti, essere meglio compresi alla luce del coinvolgimento totale della comunità, specialmente se questa vive condizioni liminali. Il critico cinematografico, Alberto Pantò, nel commentare la storia dei due "frati giullareschi" ha osservato:

---

[8] La scena ritorna concettualmente in *Teorema* quando la serva Emilia, ritornata al paese di origine come santona, viene venerata come una santa gente della sua comunità che interpreta le guarigioni che effettua come dei miracoli. Le due scene mostrano da una prospettiva dell'antropologia culturale come le comunità sviluppino forme spontanee di culto collaterali a quelle della Chiesa ufficiale.

> *Uccellacci ed uccellini*, piuttosto che una commedia nera dell'epoca, è un indispensabile analisi critica sui comportamenti etici dell'uomo e sulla loro fragilità; è un gioiello di narrazione e di inventiva; è la metafora di un mondo diverso fatto di utopia, passione e ideologia; è lotta ostinata contro il colonialismo culturale ed il consumismo edonistico nel loro rapporto attuale. (Pantò, 2018)

Uccellacci ed uccellini fa fronte, dunque, al declino della società materialista e dei consumi con questo sbalzo visionario nel passato della più grande utopia dell'amore, della scelta della vicinanza ai poveri e agli umili, della condivisione e della fratellanza, che è la versione di San Francesco del messaggio di Gesù. E vale citare un verso della poesia di Pasolini dalla raccolta *Transumanar e organizzar* (1965- 1970), "Preghiera su commissione": "Caro Dio, facci vivere come gli uccelli del cielo e i gigli dei campi." A questo proposito, è appropriato menzionare un'osservazione *ad hoc* di Roy Aaronson, nel saggio "Tra buona novella e materialismo filosofico", in cui l'autore nota:

> La Chiesa di San Francesco (e di Cristo) non è ancora riuscita a pacificare le due classi, così come la coscienza di classe di Marx ed Engels non è ancora riuscita a creare compiutamente un popolo vincente e "padrone" del suo destino. Dunque, come potrebbe il comandamento supremo "ama il prossimo tuo come te stesso" estendersi da un imperativo morale individuale ai rapporti economico-sociali concreti, in modo da creare una società più equa e giusta? Come passare da una coscienza rivoluzionaria individuale ad una nuova coscienza rivoluzionaria sociale? (Aaronson, 2020)

In questa seconda parte, mediante la tecnica narrativa del "racconto nel racconto", Pasolini organizzò, dunque, una fantasmagoria intorno all'esperienza religiosa "spontanea" della comunità agricola e di quella "ideologica" della comunità francescana, in modo da fare emergere le differenze tra esse e l'esperienza profana del mondo comandato dall'economia. La comunità francescana sacralizza il mondo in modo intellettuale oltre che spirituale, mentre la comunità rurale subisce il sacro per ignoranza, timore e sottomissione.

Parte 3

> "Finché l'uomo sfrutterà l'uomo, finché l'umanità sarà divisa in padroni e servi, non ci sarà né normalità né pace. La ragione di tutto il male del nostro tempo è qui."
>
> (P.P. Pasolini)

In questa terza parte, il cammino dei due protagonisti raggiunge la sua destinazione a Roma. Continua il disegno sociologico di rappresentazione degli strati sociali che popolano la Capitale e le sue periferie. La pressione ideologica e la sottostante critica francofortese alla società capitalistica e all'industria culturale che informa in poche scene salienti questa parte della storia si fa più evidente. Nella seconda metà degli anni Sessanta, infatti, le tesi di Theodor Adorno e Max Horkheimer in *Dialettica dell'Illuminismo* (1949) e *Lezioni di sociologia* (1956) avevano già assunto ampio peso nelle sfere del marxismo critico. Nel secondo di questi scritti, i due filosofi precisano:

> Se è vero la mediazione critica dello spirito che domina l'epoca e lo studio dei reali rapporti sociali si compenetrano e si sostengono a vicenda, quel che si chiama sociologia della cultura (termine di per sé atto a destare qualche sospetto) non dovrà comunque esaurirsi nelle considerazioni del contesto sociale in cui le opere artistiche vengono operare, ma approfondire il senso sociale delle opere stesse virgola e quindi non da ultimo il significato delle merci che oggi vengono sostituendo largamente l'opera d'arte nella sua autonomia punto si tratterà virgola In altre parole virgola di prendere l'arte a oggetto di una

ricerca che decifri in essa una inconsapevole storiografia della società . (Horkheimer e Adorno, 1966: 117)

La struttura della terza parte è divisa in tre serie di sequenze. La prima rivela che Totò ha il compito di riscuotere l'affitto da gente poverissima che vive in case fatiscenti. Per questo suo ruolo è temuto e odiato dai poveracci da cui esige danaro. L'analisi delle condizioni della miseria è qui estremamente dettagliata e si appoggia su forti elementi simbolici. Una sequenza girata intorno e dentro la "baracca" di una coppia, riprende una donna, madre di figli che non riesce a sfamare, mentre in cima ad un'alta scala stacca dal tetto un nido di rondine da bollire e servire in tavola all'attonito marito, evidentemente disoccupato.

Totò minaccia la povera contadina, intimando che, se non pagherà, saranno guai.

Totò (qui chiamato "signor Marcello"): "Inutile che facciamo tanti preamboli. O i soldi, o metto la pratica in

mano ad un avvocato e domani succede quello che deve succedere!"
La donna: "L'altra volta vi abbiamo dato il maiale. L'altra volta ancora vi siete preso il matcrasso di lana con tutti gli scendiletto...Ma 'sta volta, che ve damo? Non abbiamo più niente da darvi!..."

Il linguaggio gestuale contribuisce a drammatizzare la condizione di totale prostrazione dell'umile contadina. La donna si inginocchia dinanzi al suo esattore e, avanzando fino a lui su un sottofondo musicale di una musica cinese, gli chiede la grazia di non togliere la casa alla sua povera famiglia.

La donna (piangendo): "Per carità, la casa no, la casa no!"
Totò (guardando intorno): "..è una baracca, però, con il terreno che ce stà 'ntorno, i nostri soldi li ricaviamo li stesso!"

Raffigurando la gerarchia delle classi sociali su base economica, in questa sequenza, la condizione di Totò e del figlio, in rapporto all'estrema indigenza di questa famiglia, appare meno disgraziata. Non solo, dov'è la giustizia? E la pietà cristiana? L'esattore è inflessibile e senza cuore. Questo episodio rappresenta concettualmente e visivamente l'aspetto più sperimentale del film. Nel discorso figurato, il simbolismo qui rimpiazza l'allegoria. L'influenza del Luis Buñuel surrealista, antiborghese e anticlericale appare notevole. Da una parte, Pasolini adotta gli stilemi del Neorealismo, dall'altra li sottopone a satira, radicalizzando la rappresentazione realistica del tragico mondo in cui il capitalismo ha emarginato i poveri.

Il principio con cui la cinepresa inquadra la misera donna che cuoce in pentola il nido di rondine non persegue alcuna verosimiglianza, quanto piuttosto l'effetto surreale. Ninetto: "Che, ve magnate i nidi de rondine, signò?" Donna (inginocchiata, il volto tra le mani, piangendo): I cinesi!...i cinesi!" La cinepresa inquadra gli oggetti essenziali alla sussistenza della famiglia; un fornellino appoggiato su cassette di legno, dei pentoloni di alluminio, una bombola del gas, un tavolo tarlato. Tutto contribuisce a definire la loro povertà. In un altro scritto di *Lettere Luterane*, "Paragrafo sesto: impotenza contro il linguaggio pedagogico delle cose" (17 aprile 1975), Pasolini affrontava questioni semiologiche, spiegando come il linguaggio cinematografico delle "cose" sia preponderante rispetto a quello delle parole:

> Niente come fare un film costringe a guardare le cose. Lo sguardo di un letterato su un paesaggio, campestre o urbano, può escludere un' infinità di cose, ritagliando dal loro insieme solo quelle che emozionano o servono. Lo

> sguardo di un regista – su quello stesso paesaggio – non può invece non prendere coscienza – quasi elencandole – di tutte le cose che vi si trovano. Infatti, mentre in un letterato le cose sono destinate a diventare parole, cioè simboli, nell'espressione di un regista le cose restano cose: i "segni" del sistema verbale sono dunque simbolici e convenzionali, mentre i "segni" del sistema cinematografico sono appunto le cose stesse, nella loro materialità e nella loro realtà. Esse divengono, è vero, "segni", ma sono i segni per così dire viventi, di se stesse.

Nei film di Pasolini, questo linguaggio delle cose è sempre accompagnato dal linguaggio della gestualità enfatica.

Lo sguardo vacuo del marito della contadina, ripreso in *close-up* mentre fissa nel nulla e trangugia un boccone di nido di rondine, va oltre il reale fino al centro del campo visivo di chi osserva. Si tratta, in effetti, di uno sguardo che irrompe nella coscienza etica dello spettatore.

Filmare le sue storie con il linguaggio delle cose come "segni vivi" e in uno stile che diventava sempre più espressionista fu per Pasolini un rischio comunicativo. Il nido di rondine, ad esempio, è un rimando complesso, accessibile solo a chi, nel pubblico, abbia una conoscenza di cosa sia la Cina e la sua cultura culinaria, o meglio intuisca l'ironia di Pasolini verso il modo in cui in Italia si percepisce questa nazione, il suo passato e la sua politica.[9] Quanto poco alcuni spettatori riuscissero ad interpretare e a digerire questo genere di provocazioni – fino al messaggio "socialmente *irrecepibile*"[10] del film *Salò, o le 120 giornate di Sodoma* – si palesò nelle polemiche e denunce continue che Pasolini subì all'uscita di ogni suo nuovo film.

La circostanza successiva è l'incontro di Totò e Ninetto con i membri di una piccola compagnia teatrale itinerante, di cui fanno parte due vecchi, un uomo in stampelle, un africano e la sua bionda moglie con una gravidanza chiaramente a termine e i due bambini della coppia. L'impresa che condividono con Totò e Ninetto è quella di spingere tutti insieme una vecchia automobile il cui motore emblematicamente non parte. L'episodio si evolve in modo surreale con l'arrivo di un folto gruppo di persone, venute ad

---

[9] Durante la dinastia Qing, i cinesi presero a mangiare zuppa di nidi di rondine. Definito l' "oro bianco", il nido di rondine divenne non solo un piatto popolare nei ristoranti cinesi, ma usato in medicina e nella cosmesi. Il nido di rondine è composto di saliva e proteine solubili in acqua e contiene alti livelli minerali di calcio e ferro.

[10] L'espressione "arte socialmente irrecepibile" è di Adorno e Horkheimer (1966).

assistere allo spettacolo clownesco, durante il quale la giovane donna dà alla luce una neonata, partorendola a terra per strada vicino alla vecchia auto della compagnia. I modelli tematico-stilistici di Vittorio De Sica e Fedcrico Fellini (specialmente in *Otto e mezzo*) della vita come uno spettacolo tragicomico si ripetono anche in Pasolini con un'attenzione più acuta all'antropologia culturale dei gruppi di persone rappresentati generalmente o tra palazzi in costruzione o ruderi. La scena del "miracolo" della nascita, che è insieme ideologica e profondamente religiosa, riflette nell'allegria con cui il gruppo dà il benvenuto alla neonata, la prospettiva antiabortista di Pasolini, esplicitata anni dopo nel "Corriere della sera" ("Sono contro l'aborto", 19 gennaio 1975). Nel porgere alla madre la neonata nuda avvolta in un panno, il vecchio comico itinerante appare esultante:

> Il vecchio comico: "Un'altra bocca [da sfamare] di più. Evviva Maria! Un bell'applauso alla mamma! [tutti applaudono].
> Totò: "Bene, brava, bis!".
> Il vecchio comico, rivolgendosi alla neomamma: "Adesso non fare che alla prima chiesa che trovi la lasci fuori, eh?! Nessuno la voleva, nessuno se l'aspettava! Ma lei è voluta venire? E benvenuta sia!"
> La madre: "Sì, sì! Benvenuta! Benvenuta!"

Da un certo punto di vista, questo film è costellato di citazioni ad altri registi e alle stesse opere dell'infratesto pasoliniano, giacché una scena simile appare anche nella grotta de *La ricotta* dove le comparse sul *set* ridono e applaudono Stracci mentre divora grottescamente ogni tipo di cibo che gli viene lanciato.

Alla fine di questa prima serie di sequenze interrelate, commentate dal corvo sul tema della povertà come destino irrimediabile, parte la seconda serie di sequenze che presenta l'interno dell'edificio sontuosissimo di cui è proprietario il "Signor Ingegnere", affollato di borghesi danarosi e intellettuali, ospiti a un suo party. La situazione è di estrema boria. Totò e Ninetto capitano nel bel mezzo dell'assurdo convegno dei "Dentisti-dantisti". La comunità degli astanti, in abiti eleganti e intenti a bere champagne, stanno portando avanti una sorta di recita autocompiaciuta dell'interazione sociale dell'alta borghesia: un ospite nomina tropi dell'intellighenzia ideologicamente "impegnata", Dante, Oxford, ma anche Scotland Yard e James Bond, quindi finge di dirigere un'orchestra; un altro ospite ha in testa una corona di foglie di alloro. In ogni aspetto della sequenza, dai costumi, alla scenografia, ai dialoghi, la situazione accentua comicamente l'immodestia della classe borghese, contrapponendola alla modestia dei due protagonisti.

Totò e Ninetto, condotti fin dentro al salotto dell'ingegnere da un maggiordomo, sono inchiodati a terra da due pastori tedeschi. Rispetto alla sequenza all'interno della baracca della povera contadina, la situazione di padre e figlio si è completamente rovesciata. Adesso sono loro ad avere una posizione obbediente e subordinata dinanzi ad un esponente della borghesia cittadina che li domina trattandoli con sprezzo. I rapporti di forza all'interno del sistema di diseguaglianze di classe sono soggetti qui ad una forte parodia. Soggiogato dal cane, Totò parla all'ingegnere delle sue difficoltà e presenta una serie di scuse per le quali non ha potuto portare con sé i soldi dovutigli: la neve ha rovinato il raccolto dei broccoletti, il figlio ha fatto un incidente col trattore, e se non bastasse si è fatto poi frate cappuccino. Ma l'ingegnere non vuole sentire ragioni e minaccia Totò di mandarlo in galera se non pagherà il dovuto, esplicitando che non intende prorogare la data del pagamento del danaro che Totò Innocenti deve pagargli. L'ingegnere: "Io sono un uomo d'affari e faccio gli affari. Dunque, datemi i soldi o vi faccio finire in galera senza tanti complimenti!" Nell'accomiatarsi dall'ingegnere, Totò parla di un mazzo di rose per "l'ingegnera" che avrebbe preparato a casa, ma dimenticato di portare con sé. Qui emerge, mordacemente, la nozione marxista che la società sia controllata da una minoranza che usa il suo potere per sfruttare la massa della popolazione, appropriandosi del *surplus* economico per il proprio beneficio. Tale superiorità, fissata dal controllo dei modi della produzione e legata a determinate professioni, determinerebbe, dalla prospettiva marxista del film, anche la sovrastruttura politica e ideologica rappresentata dalle persone invitate al party del convegno dei "Dentisti-dantisti".

Tutto fallisce nelle intenzioni, nei fatti e nei *bluff* del povero uomo. Quando finalmente Totò e Ninetto riescono ad uscire dalla lussuosa abitazione come in uno sketch alla Stan Laurel e Oliver Hardy, corrono a gambe levate mentre la voce del corvo commenta la loro fuga con un giudizio classista: "Sono sempre gli stessi, niente, niente li potrà cambiare!" Nello sviluppo del film, questa sequenza chiude la presentazione della struttura delle disuguaglianze di classe tra le diverse collettività incontrate: nessuna concessione per le classi inferiori a quella borghese dominante che, secondo Max Weber, vanta diritti in ragione del suo potere, la sua ricchezza e il suo prestigio.[11]

La terza serie di sequenze della terza parte del film è girata in esterna, in una zona con case in costruzione, rumori di sirene e una corriera in partenza che puntualmente i due protagonisti perdono. Inaspettatamente, mentre padre e figlio riprendono il

---

[11] Nelle società capitalistiche, queste diseguaglianze, spiegava Karl Marx, sarebbero esacerbate dal determinarsi della stratificazione di classi economiche in ragione del possesso dei mezzi di produzione. La struttura dell'economia di una società determinerebbe l'idea stessa della stratificazione sociale.

cammino, incontrano molte persone con bandiere comuniste, salite sulla corriera, dirette al funerale di Palmiro Togliatti, leader del PC. Con uno stacco, ha inizio la sequenza del mesto corteo funebre, capeggiato da una fila di autorità del mondo politico che appaiono nel filmato di repertorio delle esequie. Realtà e finzione qui confluiscono in un tacito messaggio tra politica e sociologia. Non è difficile immaginare cosa significasse per il popolo italiano della classe operaia, nella metà degli anni Sessanta, a venti anni dalla fine della Seconda Guerra Mondiale, avere riposto fiducia in un *leader* carismatico come Togliatti: il documentario della durata di due minuti rende perfettamente il dolore ed il senso di smarrimento della gente in lacrime dinanzi al feretro. In questa sequenza, al di sotto del costrutto allegorico, Pasolini pone una prospettiva sociologica del *medium* cinematografico al servizio non solo dell'*entertainment* ma della riflessione civile, qui come altrove nel film chiaramente concepita per lo spettatore borghese.

L'ambientazione stessa suggerisce che lo sviluppo del capitalismo sia stata una forza trainante non solo del cambiamento di Roma, ma che a sua volta Roma, cresciuta in modo esponenziale nei suoi centri del potere amministrativo, abbia alimentato a dismisura il capitalismo che il film attacca. Questo tipo di relazione ha trasformato il modello dell'urbe medievale in una città le cui terre periferiche sono progressivamente sottratte al mondo del lavoro rurale allo scopo di espandere i confini delle zone industriali. Il capitalismo, suggerì Max Weber nell'opera *La città* (1921), cambierebbe la città non solo attraverso le alterazioni economiche della sua struttura materiale, ma anche in ragione dei mutati rapporti tra il capitale e la forza lavoro che modificano la faccia stessa della società urbana. Probabilmente l'idea che il finale del film *Uccellacci e uccellini* intendeva tradurre in immagini è questa. Migliore di ogni altro commento sono i versi di Pasolini, tratti da "Canto civile" (1969), inclusa nella raccolta *Trasumanar e organizzar*: "Ma non sarà la loro fiducia nel mondo a trionfare / Essa deve essere trascurata dal mondo." In questa terza parte, Pasolini mette insieme delle rappresentazioni di collettività al limite della disperazione, che rendono completamente il senso ideologico dell'impresa di *Uccellacci e uccellini*. Diventa palese la denuncia del regista che corre sotto l'allegorismo: gli uomini al potere non fanno nulla per salvare dalla miseria il popolo dei diseredati.

Parte 4

> "In un momento storico in cui il linguaggio verbale è tutto convenzionale e sterilizzato (tecnicizzato) il linguaggio del comportamento (fisico e mimico) assume una decisiva importanza." (P.P. Pasolini)

La quarta parte si definisce per il contrasto tra il nuovo mondo della città industriale e le frange delle comunità rurali e di periferia, che i due protagonisti si lasciano alle spalle. Si torna verso Roma capitale, verso i suoi contrasti sociali e i suoi centri di potere con l'amarezza del corvo marxista che non crede più in nessuna ideologia, nemmeno alla propria. Scriveva Pasolini: "La crisi del marxismo della Resistenza e degli anni Cinquanta [...] patita e vista da un marxista, dall'interno; niente affatto però disposto a credere che il marxismo sia finito."

Il ritorno attraverso i campi incolti, ancora non acquisiti dalla città industriale per estendere le grandi arterie del raccordo anulare di Roma, è ripreso con gli attori di spalle e le sagome di colli, palazzi e monumenti sbiaditi sotto il sole. Dati gli accadimenti, il ritorno è indicativo del fallimento della missione, tuttavia padre e figlio conservano un senso dello *humor* e iniziano anche ad avere una certa fame. Ma quale era lo scopo e il senso della loro missione? Partito senza i soldi dovuti all'ingegnere, cosa sperava di ottenere il povero Totò? Pietà? Solidarietà? Comprensione? Non ottiene nulla di tutto questo. Nondimeno, la direzione lineare ed il punto di fuga, predisposti dal regista, che si parano dinanzi allo sguardo dei protagonisti e degli spettatori, indicano che il percorso è storico, compiuto nel segno di un qualche mutamento. Anche se questa evoluzione non avviene immediatamente, in qualche modo, nel futuro, arriverà.

Ogni circostanza imbarazzante o dolorosa è esacerbata dalla solitudine quando il singolo è fuori dalla sua comunità. Il ritorno a Roma di Totò, Pasolini sembra intendere, è quello del *pater familias*, che va verso il gravame di una famiglia con diciotto figli ed una moglie da assistere. Il corvo spocchioso continua a seguirli, ora salterellando loro dietro, ora salendo sulla spalla di Ninetto. La fame dei due uomini non è solo di cibo, capiscono mentre passano accanto ad una bella ragazza, Luna, di mestiere prostituta, seduta al ciglio della strada sterrata in direzione Fiumicino.

L'intermezzo della consumazione di sesso mercenario da parte di padre e figlio stravolge la prospettiva spiritualistica con cui Totò e Ninetto erano stati portati fuori ed oltre il loro tempo e la loro realtà nella fabula del candido Frate Ciccillo e dell'ingenuo Frate Ninetto, seguaci di San Francesco d'Assisi.

La struttura stessa del "racconto nel racconto" vuole che dall'ambito politico, da una parte, e ascetico, dall'altro, il film sfoci nella realtà del mondo, che Totò e Ninetto "vivono innocentemente o inconsciamente" (Pasolini,1965).

La luna, verso cui aveva viaggiato l'astronauta russo Gagarin nel 1961, Totò sembra volere intendere, è l'antica e nuova dea, come la dolce ragazza disponibile a vendere il suo corpo per la strada. La bricconeria non mette in imbarazzo né il figlio e né il padre: è una soddisfazione elementale di un appetito basilare.

A proposito della condizione dei proletari, che altro non avrebbero se non l'appagamento degli istinti, nella poesia "Sesso, consolazione della miseria", inclusa nella raccolta *La religione del mio tempo* (1961), Pasolini scriveva questi versi epigrammatici: "La loro pietà è nell'essere spietati, / la loro forza nella leggerezza, / la loro speranza nel non avere speranza".

Il corvo saccente e moraleggiante continua a mancare di solidarietà verso Totò e Ninetto, essendo personificazione dell'assenza di virtù umane del borghese colto. Si concede perfino di autocompatirsi:

> "O forse io sono finito. è passata la mia ora, le mie parole cadono nel vuoto. Non pensi però, signor Totò, che io pianga per la fine di quello in cui credo: sono convinto che qualcun altro verrà e prenderà la mia bandiera per portarla avanti. Ora io piango di me stesso...è umano, no? Quando ci si sente di non contare più."

Il corvo deride abilmente i due poveracci, ma il suo sarcasmo non è gradito. Il regista, che è dalla parte degli umili, ha in serbo una vendetta, trasformando il corvo nella vittima della beffa finale allorquando Totò suggerisce a suo figlio di ucciderlo per mangiarlo. Il padre stimola il figlio a non farsi remore morali: "Io me lo mangio! Ce lo mangiamo! Tanto se non ce lo mangiamo noi se lo mangiano gli altri. E poi che ci campa a fare, pure matto mi sembra!" (min. 1:22:00- 1:22.54)

In questa soluzione crudele, in cui un uccellaccio viene ucciso e mangiato, in pieno contrasto con il monito di San Francesco, l'opposizione inconciliabile tra il corvo borioso, che si "impiccia degli affari degli altri", ed i due semplici protagonisti contiene una buona dose di autoironia da parte di Pasolini verso il proprio ambiente intellettuale e ceto sociale. Una volta tirato il collo al corvo per cucinarlo alla maniera "antica", padre e figlio si allontanano di spalle lungo una strada deserta con il sottofondo del rombo di aerei visti decollare ed atterrare in lontananza. Il rimando alla modernità prorompente del presente è prepotente e indica l'Italia del futuro che si lascia indietro le sue misere realtà rurali e di periferia. La strada continua verso un futuro ignoto, verso una meta incerta: "Il cammino incomincia e il viaggio è già finito.

Quale viaggio termina con la scena conclusiva di questo film? Termina il viaggio dello spettatore, insieme al regista, sulle orme della coppia di due amabili bontemponi affiancati dal malcapitato corvo sentenzioso. Un altro viaggio si compie tra realtà, favola e misticismo del referente francescano: quello descritto nello scritto "Marxismo e religiosità" (Pasolini, *I dialoghi*, 1992) che conduce al passaggio da una prospettiva religiosa, personale, irrazionale e metafisica, al prospettivismo laico del pensiero sociale marxista.

Conclusioni

Innanzitutto, si è visto come, con questo film, Pasolini abbia costruito un discorso irreale, fortemente basato su immagini e quadri allegorici che presentano *altro* da ciò di cui intende parlare il regista e questo argomento nascosto ed ulteriore è una rappresentazione di un'idea polemica sui termini della lotta di classe e contro i dissidi interni al PC. Questa diatriba è chiarita nella terza parte del film sia dalla sequenza di Totò e Ninetto accolti nella casa del facoltoso ingegnere a cui il poveraccio deve dei soldi, sia dalla sequenza successiva del funerale di Togliatti, che inizia subito dopo che Ninetto minaccia che al primo sciopero della Fiat, di cui diventerà operaio, tornerà in quel luogo per uccidere i cani pastori dell'arrogante ingegnere.

Traducendo in immagini un meccanismo mediante il quale una configurazione nota (il corvo *scravenger*) si riferisce a un significato recondito di carattere connotativo (la boria e l'arroganza degli intellettuali che pontificano su tutto), Pasolini allude, dunque, connotativamente all'avidità degli individui che condividono il potere per divorare tutto. Intervistato sul film "Uccellacci uccellini" nel citato programma RAI "Anteprima settimanale dello spettacolo", Pasolini – spiegando che questi "uccelli che compaiono nel film" sono pronipoti delle favole di Fedro, di Esopo e De La Fontaine – accettava il commento dell'intervistatore che la storia avesse un intento moralistico, o meglio "ideologico".

Concludendo, si è inteso mostrare come l'allegorismo sia centrale a questa narrazione, come a quasi tutte le opere di Pasolini, concentrando il senso traslato del messaggio autoriale sui fatti di quegli anni. Un riferimento è altresì costante alle realtà osservabili nella società, in altri come in questo film, specialmente all'impatto del sistema capitalistico sull'esistenza marginalizzata del proletariato. La città industriale, con viadotti e cantieri di palazzi in costruzione, è mostrata come al solito sullo sfondo di umili storie di vita, così come lo sono le rovine o le strutture architettoniche antiche delle città medievali, esatto ambiente scenografico pasoliniano. Tra queste due dimensioni, sospese tra critica e ironia, verso la prima, il discorso di Pasolini indica sempre la città come anomalo fenomeno sociale del consumismo rampante che riduce gli individui a fruitori acritici di tutto ciò che produce l'industria.

In *Morfologia della rappresentazione*, Giorgio Fonio, commentando lo stato retorico delle immagini, ricorda che "l'ironia è prodotta dalla messa in atto di un meccanismo per mezzo del quale il destinatario intende il contrario di un enunciato" (Fonio, 1995: 160). Marina Mizzau, ampliando la definizione dell'ironia come una "menzione", una "citazione", un "discorso su un altro discorso", rispesa della parola altrui da cui si prendono le distanze, puntualizza che oltre al fatto che la comunicazione ironica sia il risultato di una complessa stratificazione di intenzioni che porta all'ambiguità, è terreno privilegiato del "rimando" al "già detto", della concatenazione delle differenti finalità dell'interdiscorsività. (Mizzau, 1984: 22) Ed è da questa prospettiva che va interpretata l'ambigua ironia del rapporto tra il corvo logorroico e i personaggi principali. Il corvo è l'intellettuale incapace di mutare le politiche dei partiti al potere che Pasolini critica e condanna, mentre mostra in stile documentaristico il dolore dei comunisti al funerale di Palmiro Togliatti.

Ma qual era allora lo scopo, l'intenzione del regista autore di *Uccellacci e uccellini* rispetto alle tematiche rilevate su cui si è condotta l'analisi in sede critica? Certamente fu indicare l'impatto sociale del cinema sulla società a cui il prodotto artistico era consegnato, partecipando al sempre vivo dibattito sulla funzione dell'arte nella società.[12] Non è da scartare l'ipotesi che il film fosse stato ideato in partenza come un contributo a migliorare il livello morale e la coscienza politica della civiltà a cui il messaggio era indirizzato nei termini gramsciani dell'impegno dell'intellettuale verso le "masse". In fondo, in questo film – anche se pessimisticamente, dati gli attacchi continui della censura alla sua arte e alla sua persona pubblica – ancora si avverte in Pasolini l'assunzione del ruolo di pedagogo di quel popolo da cui sentiva di avere ricevuto una sorta di mandato civile. Non è per una vocazione al martirio, dunque, ma per un residuo di fiducia nella capacità del cinema di trasformare le vite e le prospettive non solo del singolo, ma delle intere comunità di spettatori, che nasce questa fiaba-apologo.

[12] Dal secondo dopoguerra in poi, il dibattito europeo sul ruolo dell'arte nella società divenne particolarmente intenso. Crf. *Arte e rivoluzione industriale*, di Francis Klingender (1947), *La pittura fiorentina e il suo ambiente sociale nel Trecento e nel primo Quattrocento*, di Frederik Antal (1948) e la *Storia sociale dell'arte*, di Arnold Hauser (1951). Notevole, inoltre, l'impatto di Walter Benjamin, con *L'opera d'arte nell'epoca della sua riproducibilità tecnica* (1963, tr. it. 1966) e E. H., Gombrich, con *Art and illusion* (1960, tr. it. 1965).

“Sviluppo e progresso”. Pier Paolo Pasolini

Ci sono due parole che ritornano frequentemente nei nostri discorsi : anzi sono le parole chiave dei nostri discorsi. Queste due parole sono “sviluppo” e “progresso”. Sono due sinonimi? O, se non sono due sinonimi, indicano due momenti diversi di uno stesso fenomeno? Oppure indicano due fenomeni diversi che però si integrano necessariamente fra di loro? Oppure, ancora, indicano due fenomeni solo parzialmente analoghi e sincronici? Infine; indicano due fenomeni “opposti” fra di loro, che solo apparentemente coincidono e si integrano? Bisogna assolutamente chiarire il senso di queste due parole e il loro rapporto, se vogliamo capirci in una discussione che riguarda molto da vicino la nostra vita anche quotidiana e fisica.

Vediamo: la parola “sviluppo” ha oggi una rete di riferimenti che riguardano un contesto indubbiamente di “destra”. Chi vuole infatti lo “sviluppo”? Cioè chi lo vuole non in astratto e idealmente, ma in concreto e per ragioni di immediato interesse economico? E’ evidente: a volere lo “sviluppo” in tal senso è chi produce; sono cioè gli industriali. E, poiché lo “sviluppo”, in Italia, è questo sviluppo, sono per l’esattezza, nella fattispecie, gli industriali che producono beni superflui.

La tecnologia (l’applicazione della scienza) ha creato la possibilità di una industrializzazione praticamente illimitata, e i cui caratteri sono ormai in concreto transnazionali. I consumatori di beni superflui sono da parte loro irrazionalmente ed inconsapevolmente d’accordo nel volere lo "sviluppo" (questo "sviluppo"). Per essi significa promozione sociale e liberazione, con conseguente abiura dei valori culturali che avevano loro fornito i modelli di "poveri", di "lavoratori", di "risparmiatori", di "soldati", di "credenti".

La "massa" è dunque per lo "sviluppo": ma vive questa sua ideologia soltanto esistenzialmente, ed esistenzialmente è portatrice dei nuovi valori del consumo. Ciò non toglie che la sua scelta sia decisiva, trionfalistica e accanita.

Chi vuole, invece, il "progresso"? Lo vogliono coloro che hanno interessi immediatamente da soddisfare, appunto attraverso il "progresso": lo vogliono gli operai, i contadini, gli intellettuali di sinistra. Lo vuole chi lavora e dunque è sfruttato.

Quando dico "lo vuole" lo dico in senso autentico e totale (ci può essere anche qualche "produttore" che vuole, oltre tutto, e magari sinceramente, il progresso: ma il suo caso non fa testo). Il "progresso" è dunque una nozione ideale (sociale e politica): laddove lo "sviluppo" è un fatto pragmatico ed economico. Ora è questa dissociazione che richiede una "sincronia" tra "sviluppo" e "progresso", visto che non è concepibile (a quanto pare) un vero progresso se non si creano le premesse economiche necessarie ad attuarlo.

Qual è stata la parola d'ordine di Lenin appena vinta la rivoluzione? È stata una parola d'ordine invitante all'immediato e grandioso "sviluppo" di un paese sottosviluppato. Soviet e industria elettrica... Vinta la grande lotta di classe per il "progresso" adesso bisogna vincere una lotta, forse più grigia ma certo non meno grandiosa per lo "sviluppo". Vorrei aggiungere però – non senza esitazione – che questa non è una condizione obbligatoria per applicare il marxismo rivoluzionario e attuare una società comunista. L'industria e l'industrializzazione totale non l'hanno inventata né Marx né Lenin: l'ha inventata la borghesia. Industrializzare un paese comunista contadino significa entrare in competitività coi paesi borghesi già industrializzati. E' ciò che, nella fattispecie, ha fatto Stalin. E del resto non aveva altra scelta.

Dunque, la Destra vuole lo "sviluppo" (per la semplice ragione che lo fa); la Sinistra vuole il "progresso". Ma nel caso la sinistra vinca la lotta per il potere, ecco che anch'essa vuole – per poter realmente progredire socialmente e politicamente – lo "sviluppo". Uno "sviluppo", però, la cui figura si è ormai formata e fissata nel contesto dell'industrializzazione borghese. Tuttavia, qui in Italia, il caso è storicamente diverso. Non è stata vinta nessuna rivoluzione.

Qui la sinistra che vuole il "progresso", nel caso che accetti lo "sviluppo", deve accettare proprio questo "sviluppo": lo sviluppo dell'espansione economica e tecnologica borghese. E' questa una contraddizione? E' una scelta che pone un caso di coscienza? Probabilmente sì. Ma si tratta come minimo di un problema da porsi chiaramente: cioè senza confondere mai, neanche per un solo istante, l'idea di "progresso" con la realtà di questo "sviluppo".

Per quel che riguarda la base delle Sinistre (diciamo pure la base elettorale, per parlare nell'ordine dei milioni di cittadini), la situazione è questa: un lavoratore vive nella coscienza l'ideologia marxista, e di conseguenza, tra gli altri suoi valori, vive nella coscienza l'idea di "progresso"; mentre, contemporaneamente, egli vive, nell'esistenza, l'ideologia consumistica, e di conseguenza, *a fortiori*, i valori dello sviluppo. Il lavoratore è dunque dissociato. Ma non è il solo ad esserlo.

Anche il potere borghese classico è in questo momento completamente dissociato: per noi italiani tale potere borghese classico (cioè praticamente fascista) è la Democrazia cristiana. A questo punto voglio però abbandonare la terminologia che io (artista!) uso un po' a braccio e scendere ad un'esemplificazione vivace.

La dissociazione che spacca ormai in due il vecchio potere clerico-fascista può essere rappresentata da due simboli opposti, e, appunto inconciliabili: "Jesus" (nella fattispecie il Gesù del Vaticano) da una parte, e i "blue-jeans Jesus" dall'altra. Due forme di potere l'una di fronte all'altra: di qua il grande stuolo dei preti, dei soldati, dei benpensanti e dei sicari; di là gli "industriali" produttori di beni superflui e le grandi masse del consumo, laiche e, magari idiotamente, irreligiose.

Tra il Jesus del Vaticano e il Jesus dei blue-jeans, c'è stata una lotta. Nel Vaticano – all'apparire di questo prodotto e dei suoi manifesti – si sono levati alti lamenti. Alti lamenti a cui per il solito seguiva l'azione della mano secolare che provvedeva a eliminare i nemici che la Chiesa magari non nominava limitandosi appunto ai lamenti. Ma stavolta ai lamenti non è seguito niente . La longa manus è rimasta inesplicabilmente inerte. L'Italia è tappezzata di manifesti rappresentanti sederi con la scritta "chi mi ama mi segua" e rivestiti per l'appunto dei blue-jeans Jesus. Il Gesù del Vaticano ha perso.

Ora il potere democristiano clerico-fascista si trova dilaniato tra questi due "Jesus": la vecchia forma del potere e la nuova realtà del potere…

Tratto da *Scritti corsari* (1975)

Poesie

"Verso le Terme di Caracalla"

Vanno verso le Terme di Caracalla
giovani amici, a cavalcioni
di Rumi o Ducati, con maschile
pudore e maschile impudicizia,
nelle pieghe calde dei calzoni
nascondendo indifferenti, o scoprendo,
il segreto delle loro erezioni…
Con la testa ondulata, il giovanile
colore dei maglioni, essi fendono
la notte, in un carosello
sconclusionato, invadono la notte,
splendidi padroni della notte…

Va verso le Terme di Caracalla,
eretto il busto, come sulle natie
chine appenniniche, fra tratturi
che sanno di bestia secolare e pie
ceneri di berberi paesi – già impuro
sotto il gaglioffo basco impolverato,
e le mani in saccoccia – il pastore
migrato
undicenne, e ora qui, malandrino e
giulivo
nel romano riso, caldo ancora
di salvia rossa, di fico e d'ulivo…

Va verso le Terme di Caracalla,

il vecchio padre di famiglia, disoccupato,
che il feroce Frascati ha ridotto
a una bestia cretina, a un beato,
con nello *chassì* i ferrivecchi
del suo corpo scassato, a pezzi,

rantolanti: i panni, un sacco,
che contiene una schiena un po' gobba,
due cosce certo piene di croste,
i calzonacci che gli svolazzano sotto
le saccocce della giacca pese
di lordi cartocci. La faccia
ride: sotto le ganasce, gli ossi
masticano parole, scrocchiando:
parla da solo, poi si ferma,
e arrotola il vecchio mozzicone,
carcassa dove tutta la giovinezza,
resta, in fiore, come un focaraccio
dentro una còfana o un catino:
non muore chi non è mai nato.

Vanno verso le Terme di Caracalla

(Da La religione del mio tempo, 1961)

"Alla bandiera rossa"

Per chi conosce solo il tuo colore,
bandiera rossa,
tu devi realmente esistere, perché lui
esista:
chi era coperto di croste è coperto di
piaghe,
il bracciante diventa mendicante,
il napoletano calabrese, il calabrese
africano,
l'analfabeta una bufala o un cane.
Chi conosceva appena il tuo colore,
bandiera rossa,
sta per non conoscerti più, neanche coi

sensi:
tu che già vanti tante glorie borghesi e
operaie,
ridiventa straccio, e il più povero ti
sventoli.

(Da La religione del mio tempo, 1961)

"Alla mia nazione"

Non popolo arabo, non popolo balcanico, non popolo antico
ma nazione vivente, ma nazione europea:
e cosa sei? Terra di infanti, affamati, corrotti,
governanti impiegati di agrari, prefetti codini,
avvocatucci unti di brillantina e i piedi sporchi,
funzionari liberali carogne come gli zii bigotti,
una caserma, un seminario, una spiaggia libera, un casino!
Milioni di piccoli borghesi come milioni di porci
pascolano sospingendosi sotto gli illesi palazzotti,
tra case coloniali scrostate ormai come chiese.
Proprio perché tu sei esistita, ora non esisti,
proprio perché fosti cosciente, sei incosciente.
E solo perché sei cattolica, non puoi pensare
che il tuo male è tutto male: colpa di ogni male.
Sprofonda in questo tuo bel mare, libera il mondo.

(Da La religione del mio tempo, 1961)

“Il canto popolare”

Improvviso il mille novecento
cinquanta due passa sull'Italia:
solo il popolo ne ha un sentimento
vero: mai tolto al tempo, non l'abbaglia
la modernità, benché sempre il più
moderno sia esso, il popolo, spanto
in borghi, in rioni, con gioventù
sempre nuove - nuove al vecchio canto -
a ripetere ingenuo quello che fu.

Scotta il primo sole dolce dell'anno
sopra i portici delle cittadine
di provincia, sui paesi che sanno
ancora di nevi, sulle appenniniche
greggi: nelle vetrine dei capoluoghi
i nuovi colori delle tele, i nuovi
vestiti come in limpidi roghi
dicono quanto oggi si rinnovi
il mondo, che diverse gioie sfoghi...

Ah, noi che viviamo in una sola
generazione ogni generazione
vissuta qui, in queste terre ora
umiliate, non abbiamo nozione
vera di chi è partecipe alla storia
solo per orale, magica esperienza;
e vive puro, non oltre la memoria
della generazione in cui presenza
della vita è la sua vita perentoria.

Nella vita che è vita perché assunta
nella nostra ragione e costruita
per il nostro passaggio - e ora giunta
a essere altra, oltre il nostro accanito
difenderla - aspetta - cantando supino,
accampato nei nostri quartieri
a lui sconosciuti, e pronto fino
dalle più fresche e inanimate ère -
il popolo: muta in lui l'uomo il destino.

E se ci rivolgiamo a quel passato
ch'è nostro privilegio, altre fiumane
di popolo ecco cantare: recuperato
è il nostro moto fin dalle cristiane
origini, ma resta indietro, immobile,
quel canto. Si ripete uguale.
Nelle sere non più torce ma globi
di luce, e la periferia non pare
altra, non altri i ragazzi nuovi...

Tra gli orti cupi, al pigro solicello
Adalbertos komis kurtis!, i ragazzini
d'Ivrea gridano, e pei valloncelli
di Toscana, con strilli di rondinini:
Hor atorno fratt Helya! La santa
violenza sui rozzi cuori il clero
calca, rozzo, e li asserva a un'infanzia
feroce nel feudo provinciale l'Impero
da Iddio imposto: e il popolo canta.

Un grande concerto di scalpelli
sul Campidoglio, sul nuovo Appennino,
sui Comuni sbiancati dalle Alpi,

suona, giganteggiando il travertino
nel nuovo spazio in cui s'affranca
l'Uomo: e il manovale Dov'andastà
jersera... ripete con l'anima spanta
nel suo gotico mondo. Il mondo schiavitù
resta nel popolo. E il popolo canta.

Apprende il borghese nascente lo Ça ira,
e trepidi nel vento napoleonico,
all'Inno dell'Albero della Libertà,
tremano i nuovi colori delle nazioni.
Ma, cane affamato, difende il bracciante
i suoi padroni, ne canta la ferocia,
Guagliune 'e mala vita! in branchi
feroci. La libertà non ha voce
per il popolo cane. E il popolo canta.

Ragazzo del popolo che canti,
qui a Rebibbia sulla misera riva
dell'Aniene la nuova canzonetta, vanti
è vero, cantando, l'antica, la festiva
leggerezza dei semplici. Ma quale
dura certezza tu sollevi insieme
d'imminente riscossa, in mezzo a ignari
tuguri e grattacieli, allegro seme
in cuore al triste mondo popolare.

Nella tua incoscienza è la coscienza
che in te la storia vuole, questa storia
il cui Uomo non ha più che la violenza
delle memorie, non la libera memoria...
E ormai, forse, altra scelta non ha
che dare alla sua ansia di giustizia

la forza della tua felicità,
e alla luce di un tempo che inizia
la luce di chi è ciò che non sa.

(Da Le ceneri di Gramsci, 1957).

BIBLIOGRAFIA CITATA

Aaronson, Roy, *"Uccellacci e uccellini". Tra buona novella e materialismo filosofic*", Circolo degli Incauti, 2020. http://www.incaute.it/it/altro/articoli-2020/19-uccellacci-e-uccellini-tra-buona-novella-e-materialismo-filosofico.html

Eliade, Mircea, *Il sacro e il profano*, Torino: Bollati Boringhieri,1973.

Felice, Angela, Gri, Gian Paolo, *Pasolini e l'interrogazione del sacro,* Venezia, Marsilio, 2013.

Fonio, Giorgio, *Morfologia della rappresentazio*ne. *Lo scarto retorico delle immagini*, Milano: Guerini Scientifica, 1995.

Mizzau, Marina, *L'ironia. la contraddizione consentita*, Feltrinelli, Milano, 1984.

Palomar, Natalia, *Uccellacci e uccellini: Natalia Palomar un doble giro coral más allá de Aristófanes*, *Dionysus ex machina* II (2011) 537-563.

Pantò, Alberto, *Uccellacci e uccellini*, Controverso, 22 giugno 2018. https://www.controverso.cloud/2317/.

Pasolini, Pier Paolo, *Roman poems*, City Lights Books, 1986.

—, *Uccellacci e uccellini*, Sceneggiatura del Film, 1965.

https://www.youtube.com/watch?v=YDF6ODBbKgA

—, "Uccellacci uccellini", Intervista RAI, *Anteprima settimanale dello spettacolo*, 21 Marzo 1966.

Pignatiello, Enzo, Pio, "L'amara allegoria fiabesca di "Uccellacci e uccellini", Centro Studi Pier Paolo Pasolini, 9 luglio 2017. http://www.centrostudipierpaolopasolinicasarsa.it/molteniblog/lamara-allegoria-fiabesca-di-uccellacci-e-uccellini-di-enzo-pio-pignatiello/

Turner, Victor, *Il processo rituale. Struttura e anti-struttura*, introduzione di Dario Zadra, Brescia, Morcelliana 1972 (ed. orig. 1969).

—, *Simboli e momenti della comunità. Saggio di antropologia culturale*, Brescia, Morcelliana, 1975 (ed. orig. 1972).

—, *Dramas, Fields, and Metaphors: Symbolic Action in Human Society*, Cornell University Press, 1974.

—, *From Ritual to Theatre: The Human Seriousness of Play*, Performing Arts Journal Publications, 1982.

Zoia, Andrea, *Aristofane, Gli uccelli.* http://www.antiqvitas.it/approfondimenti/aristoph.uccelli.htm

Pier Paolo Pasolini. Bio-bibliografia

1. Vita e attività letteraria

Pier Paolo Pasolini nacque a Bologna nel 1922 e morì a Roma nel 1975. Dell'esperienza espressiva straordinariamente multiforme di Pasolini, che fu scrittore e regista cinematografico, ricordiamo: per la poesia i testi in friulano de *La meglio gioventù* (1954) poi riscritti ne *La nuova gioventù* (1975), *Le ceneri di Gramsci* (1957), *L'Usignolo della Chiesa Cattolica* (1958), *La religione del mio tempo* (1961), *Poesia in forma di rosa* (1964), *Trasumanar e organizzar* (1971); per la narrativa, si ricordano le opere romanzate *Ragazzi di vita* (1955), *Una vita violenta* (1959), *Il sogno di una cosa* (1962), *Teorema* (1968), *La divina Mimesis* (1975) e l'incompiuto *Petrolio* (pubblicato postumo nel 1992); per gli scritti di critica *Passione e ideologia* (1960) ed *Empirismo eretico* (1972); per gli articoli giornalistici le raccolte postume degli *Scritti corsari* (1975) e delle *Lettere luterane* (1976). Alla base della produzione pasoliniana sta "una volontà poetica ininterrotta e onninclusiva" (Bandini 2003: XV).

2. La lingua

2.1 La lingua poetica

Le sue molteplici esperienze di scrittura e di generi paiono muovere tutte da una fondamentale disposizione lirica in cui il soggetto è in perenne dissidio col mondo ("e ogni forma dell'esistenza gli è nemica" si legge nella Religione del mio tempo): un conflitto da cui trae, insieme, motivi di dolore e la convinzione del valore assoluto della scrittura poetica, luogo della verità e della coincidenza tra il personale e l'universale. Alla lingua limpida ed esente da ogni vezzo vernacolare degli esordi friulani seguono le poesie in italiano de L'Usignolo della Chiesa Cattolica (costituito da composizioni del 1943-1949): qui l'autore punta a uno stile che, in sintonia con l'"alta lingua romanza / e cristiana radice", si nutre di riferimenti liturgici (gli innari cattolici), scritturali (S. Paolo) e provenzali (Bernart de Ventadorn), risolti però in una scrittura semplice e raffinata, dalla sottile filigrana retorica e dagli effetti luministici quasi smaltati.

Con *Le ceneri di Gramsci* la lingua poetica pasoliniana muta e trova un primo, provvisorio, assestamento. Il rapporto tra pluralità dei linguaggi, da un lato, e costante lirico-autobiografica, dall'altro (vera forma interna delle raccolte successive) si realizza in un teso equilibrio compositivo in cui la letterarietà delle scelte ha ancora un'incidenza rilevante: l'adozione del poemetto pascoliano in terzine, "l'incredibile ricchezza dell'aggettivazione" (Mengaldo 1991: 214), le scelte lessicali (*glauco afrore*, *lucore terreo*, *elisie radure*), le inversioni e gli iperbati sono fattori formali che non soccombono, ma anzi sostengono (talvolta in un *ductus* quasi solenne) le opzioni prosastiche di fondo, quali termini comuni o 'impoetici' (la *Ferro-Beton*), il vocabolario astratto della discussione intellettuale (*impeto gobettiano*) e quello della critica d'arte, attivo (attraverso la mediazione di Longhi) soprattutto nel genere privilegiato della *descriptio*.

È una compresenza di tensioni che, se da un lato fa segno a un nesso ossimorico di base (e l'ossimoro è la figura-chiave dell'intera opera pasoliniana), è dall'altro rinvenibile anche sul piano sintattico, dove s'affrontano movenze argomentative e scatti interiettivi (con l'*ecco* presentativo che vale da frequente introduttore di sequenze disposte per accumulo o congerie). È però un equilibrio instabile, che i volumi successivi prima mettono in crisi e poi dissolvono. Così in *La religione del mio tempo* "la furia della confessione" e "la furia della chiarezza" prevalgono sulle altre componenti tematiche e linguistiche proponendo una sempre più intensa e arrovellata analisi di sé: lessico e sintassi, più che mimare i tratti del parlato, si adeguano a ritmi ormai scopertamente saggistici fino a fare talvolta della poesia un genere della critica letteraria con tanto di giudizi espliciti e articolati.

L'io è insieme figura lirica che redige il proprio diario privato e testimone della sua epoca, politica e culturale. La convivenza di queste due funzioni, nel momento in cui assicura nel tempo l'identità convulsa e sofferta del soggetto, provoca però una progressiva espansione di quest'ultimo sui suoi temi e argomenti, violentemente interiorizzati, e una pronuncia sempre più diretta e priva di filtri letterari.

Gli altri due libri poetici di Pasolini (*Poesia in forma di rosa* e *Trasumanar e organizzar*) sono, soprattutto il secondo, romanzi autobiografici di un "poeta dilettante" che – come dice l'autore – "scrive poesie sulla sua esistenza" ostentando noncuranza stilistica e confusa sprezzatura formale; più apprezzabile, nitida e netta nelle sue giunture razionali, è la prosa giornalistica, forse il vertice anche stilistico dell'ultimo Pasolini, raccolta negli *Scritti corsari*.

La convinzione dell'"inutilità della poesia", la varietà delle occasioni (paesi, viaggi, film), i temi dell'attualità sono responsabili, oltre che dello sgretolarsi della forma compositiva del poemetto in terzine, di un ampliamento senza pari della tastiera verbale: terminologia cinematografica, romanesco (*generone*, *pischelli*), specialismi della linguistica (*fonemi*, *isoglotte*), turpiloquio e linguaggio colloquiale, frasi fatte, locuzioni esotiche (dallo swahili all'amarico), latinismi e in genere forme colte e dantismi in gran copia, citati quasi con trascuratezza, convivono tra loro a esprimere il "magma" in cui l'autore ora si muove ("Sono tornato tout court al magma!"). Ma senza attriti o effetti polifonici, tanto forte è la vocazione autorappresentativa di Pasolini, sempre incline al ritratto di sé stesso e alla ricerca del 'suo' epiteto, masochistico e sacrificale.

Sintassi e testualità non escono certo indenni da questo disgregato accumularsi di materiali. Se nella raccolta del 1964 il procedere sintattico-semantico appare regolato dal montaggio informale delle sequenze, in *Trasumanar e organizzar* si registrano l'intervento delle note a sostegno esplicativo del testo, la tendenza alla riscrittura della stessa poesia e (con l'eclisse del punto fermo) la propensione al non finito con versi in sospeso e frasi non compiute: segno grammaticale dell'abdicazione dell'antica centralità della poesia e del suo potere rappresentativo nel mondo contemporaneo.

2.2 La lingua dei romanzi

Della prosa narrativa pasoliniana i casi linguisticamente più rilevanti sono offerti dai due fortunati romanzi d'ambientazione romana e, da ultimo, dall'informe e incompiuto Petrolio. Le componenti dello spartito pasoliniano in Ragazzi di vita e in Una vita violenta sono il romanesco, la morfosintassi parlata e il codice letterario. Mentre nel primo romanzo sussiste ancora, nel contrasto spesso veicolato da intenti ironico-valutativi, una divaricazione tra parola dialettale dei personaggi e parola letteraria del narratore, nel secondo la tensione all'amalgama è più forte e determina un sensibile avvicinamento tra mimesi e diegesi. Si è molto discusso sull'attendibilità dialettale del romanesco qui usato: nonostante "la desultorietà delle indicazioni grafico-fonetiche dialettali" (Serianni 1996: 229) e alcuni (pochi) 'errori', la ricostruzione della varietà delle borgate e del loro lessico appare – espressionisticamente rivissuta nel laboratorio dello scrittore – "abbastanza attendibile quanto a diatopia" (ibid.: 203). Impressionante risulta il ricorso ai fenomeni della morfosintassi parlata, rappresentata nei suoi aspetti più antigrammaticali e popolari. Ad apertura di pagina s'incontrano, tanto più rilevanti quanto più concentrati nelle zone dell'indiretto libero o del *narratum*, anacoluti e concordanze a senso, segmentazioni della frase e pronomi d'interesse o d'affetto, ipotetiche semplificate e casi di *che* polivalente, ridondanze pronominali ed esempi di ci attualizzante. Un profluvio di forme che fa dei romanzi pasoliniani (e, in particolare, di Una vita violenta) "uno dei casi in cui il livello della lingua di un romanzo si è più abbassato" (Coletti 1993: 347).

Di particolare originalità il trattamento e le scelte sul piano della lingua letteraria. Forbitezza espressiva, forme auliche e dotte, sovratoni preziosistici sono evitati. Pasolini pare piuttosto puntare o alle radici del codice letterario (le rappresentazioni, di sapore provenzaleggiante, di albe e notturni) o a quella zona – difficilissima da raggiungersi – in cui risuonano le latenti armoniche condivise da orale e scritto. In tal senso parlano gli effetti di musicalità raggiunti per via iterativa (strutture correlative, reduplicazione degli aggettivi, dittologie, coppie e terne, anafore) o per via lirica (rime, assonanze, allitterazioni, paronomasie). Da qui una dimensione ritmica del *récit* pasoliniano, che si nutre originalmente dei nuclei fondamentali della testualità orale.

A fronte di questi risultati si può misurare il percorso pasoliniano nella prosa narrativa paragonandoli con la lingua dei materiali allestiti per *Petrolio*, definito dall'autore "una specie di *summa* di tutte le mie esperienze". Qui, in sintonia con l'evolversi della sua poesia, pare prevalere l'impianto saggistico della lingua a scapito dell'idea narrativa e delle sue forme e strutture. Aperte movenze metatestuali e autoriflessive indirizzano la scrittura verso una destinazione allegorica e simbolica e comportano l'intromissione nel testo di un piano analitico che ha per oggetto l'"ossessione dell'identità". Il "saggio" inclina così verso "una specie di poema" (sono parole di Pasolini) in cui il lirismo ha ancora una volta un'incidenza decisiva ed evidente soprattutto nelle articolatissime e pittoriche descrizioni della luce: ad "una luce matura, dolce, di catastrofe" Pasolini consegna il suo libro-testamento, punto terminale di una inesausta e irripetibile sperimentazione umana e linguistica.

3. Idee sulla lingua

Su "Rinascita" del 26 dicembre 1964, Pasolini pubblicò il testo integrale del saggio presentato alla conferenza *Nuove questioni linguistiche* (ripresa poi in *Empirismo eretico*). A questo testo consegnò una tesi sull'italiano contemporaneo che suscitò un vasto dibattito, destinato a durare sino al maggio del 1966 e denominato in seguito, dal linguista Oronzo Parlangèli, in un volume del 1971 che raccoglie i vari interventi su di esso, "nuova questione della lingua". Nel suo saggio Pasolini parte dalla constatazione che in Italia non era mai esistita "una vera e propria lingua italiana nazionale" e che c'era stata piuttosto una "santissima dualità" tra italiano parlato, strumentale, e italiano scritto, letterario. Questa divaricazione è interpretata, sulla base di suggestioni gramsciane, come risultato della realtà storica della borghesia italiana, incapace di identificarsi con l'intera società della nazione.

Dopo alcune osservazioni sulla lingua letteraria, distinta in vari comportamenti stilistici a seconda del loro rapporto con la medietà espressiva, Pasolini passa a dare "uno sguardo sociolinguistico al panorama italiano di questi anni". È qui che si collocano la novità e lo 'scandalo' della sua tesi: negli ultimi anni è nato finalmente l'italiano come lingua nazionale. È un italiano di stampo tecnologico, in cui la lingua delle aziende si presenta "come omologatrice delle altre stratificazioni linguistiche e addirittura come modificatrice all'interno dei linguaggi". Il principio di irradiazione di questa nuova realtà comunicativa è, lungo l'asse Milano-Torino, la tecnocrazia del Nord, primo caso nella storia nazionale di una borghesia egemone in grado d'imporre in maniera omogenea i suoi modelli alle altre classi. Le principali caratteristiche del nuovo italiano sono individuate nei seguenti fenomeni: "una certa propensione alla sequenza progressiva" con un impoverimento di quella varietà di forme concorrenti che era stata fin qui la ricchezza dell'italiano; la fine dell'osmosi con il latino; il prevalere del fine comunicativo sul fine espressivo con conseguente passaggio, in veste di "guida della lingua", dalla letteratura alla tecnica (qui Pasolini risente della lezione di Charles Bally, di cui era stato tradotto l'anno prima, 1963, *Linguistique générale et linguistique française*).

Sollecitato dal dibattito che si creò intorno alle sue tesi, Pasolini ritornò sull'argomento in altri interventi giornalistici, correggendo e sfumando le sue opinioni. Su “Il Giorno” del 6 gennaio 1965 (*Lo ripeto: io sono in piena ricerca*) riprende l’analisi della nuova borghesia capitalistica e tecnocratica e precisa che trova “orrendo” un futuro tecnologico in cui la letteratura non conterà più nulla, mentre su un altro articolo apparso il 3 febbraio 1965 sullo stesso quotidiano (*Vagisce appena il nuovo italiano nazionale*) si sofferma sul carattere “deterministico” del nuovo tipo di lingua: fondato sulla comunicatività pratica, esso giungerà a rendere “inconcepibile l’espressione autonoma di un sentimento “gratuito”“ e prepara un futuro in cui si parlerà solo “un linguaggio di alienati”. Numerose (e spesso ingenerose) furono le critiche mosse a Pasolini.

Dalla sponda linguistica e storico-linguistica gli si rimproverò (soprattutto da Cesare Segre) un uso troppo disinvolto della terminologia (*diacronico*, ad es., usato nel senso di “sorpassato”) e della coppia terminologica, tratta da Bally, *comunicazione / espressione*. Si notò poi in particolare che nell’unificazione linguistica in corso il linguaggio tecnologico non aveva il peso ascrittogli da Pasolini e che essa derivava piuttosto dalla “crescente convergenza dell’uso dei parlanti verso l’italiano” (De Mauro 1987: 181) che restava nelle sue strutture quello tradizionale; che era illusorio pensare che nel giro di pochi anni una lingua potesse venire completamente rinnovata e acquisire una nuova grammatica e sintassi; che era meccanicistico stabilire una relazione diretta tra mutamenti socioeconomici e lingua; e che il rapporto che l’italiano stava per instaurare non era con il linguaggio aziendale, ma con le altre lingue europee (come sottolineava Italo Calvino). Malgrado errori e imprecisioni, è però incontrovertibile il fatto che il saggio del 1964 “resta uno dei documenti più straordinari dell’affiorare nella nostra cultura intellettuale della coscienza di un mutamento linguistico di tale portata da investire in profondità la cultura, nel senso più profondo del termine, del nostro paese" (De Mauro 1987: 164). Pasolini ritornò sui temi linguistici dieci anni più tardi, pochi giorni prima della morte. In *Volgar'eloquio*, trascrizione postuma di un dibattito con professori e studenti tenuto a Lecce il 21 ottobre 1975, si scagliò contro il consumismo ("una forma assolutamente nuova, rivoluzionaria del capitalismo") e contro i suoi effetti linguistici, veicolati dalla tv ("l'italiano orrendo della televisione") e "anche dalla scuola negli ultimi tempi". A fronte dell'omologazione edonistica determinata da queste ultime e del "nuovo fascismo" dato dall'"accentramento linguistico e culturale del consumismo", si schierò in difesa dei dialetti (il "volgar'eloquio") vittime di un processo assimilabile a un genocidio: posizione estrema suggerita, più che dalla nostalgia, dal sentimento di trovarsi inesorabilmente schiacciato "fra una cultura che non accettiamo e una cultura che è finita".

Enciclopedia Treccani ©

Opere

Poesia

Poesie a Casarsa, Libreria Antiquaria Mario Landi, Bologna, 1942; nuova edizione tipografica, con un volume annesso a cura di Franco Zabagli, Vicenza, Ronzani Editore, 2019.

Poesie, Stamperia Primon, San Vito al Tagliamento, 1945.

Diarii, Pubblicazioni dell'Academiuta, Casarsa, 1945; ristampa anastatica 1979, con premessa di Nico Naldini.

I pianti, Pubblicazioni dell'Academiuta, Casarsa, 1946.

Dov'è la mia patria, con 13 disegni di G. Zigaina, Edizioni dell'Academiuta, Casarsa, 1949.

Tal còur di un frut, Edizioni di Lingua Friulana, Tricesimo, 1953; nuova edizione a cura di Luigi Ciceri, Forum Julii, Udine, 1974.

Dal diario (1945-47), Casa Editrice Sciascia, Caltanissetta, 1954; nuova edizione, 1979, con introduzione di L. Sciascia, illustrazioni di Giuseppe Mazzullo.

La meglio gioventù, Biblioteca di Paragone, Sansoni, Firenze, 1954.

Il canto popolare, Edizioni della Meridiana, Milano, 1954.

Le ceneri di Gramsci, Garzanti, Milano, 1957; nuova edizione Einaudi, Torino, 1981, con un saggio critico di Walter Siti).

L'usignolo della Chiesa Cattolica, Longanesi, Milano, 1958; nuova edizione, Einaudi, Torino, 1976.

Roma 1950. Diario, All'insegna del pesce d'oro (Scheiwiller), Milano, 1960.

Sonetto primaverile (1953), Scheiwiller, Milano, 1960.

La religione del mio tempo, Garzanti, Milano, 1961; nuova edizione Einaudi, Torino, 1982.

Poesia in forma di rosa (1961-1964), Garzanti, Milano, 1964.

Poesie dimenticate, a cura di Luigi Ciceri, Società filologica Friulana, Udine, 1965.

Poesie [riunisce una scelta d'autore di 24 poesie da *Le ceneri di Gramsci*, *La religione del mio tempo* e *Poesia in forma di rosa*]; Garzanti, Milano, 1970.

Trasumanar e organizzar, Garzanti, Milano, 1971.

La nuova gioventù. Poesie friulane 1941-1974, Einaudi, Torino, 1975; Collana "Gli struzzi", n.243, Einaudi, 1981.

Poesie e pagine ritrovate, a cura di Andrea Zanzotto e Nico Naldini, con disegni di Pier Paolo Pasolini e Giuseppe Zigaina, Lato Side 25, Roma, 1980.

Bestemmia. Tutte le poesie, 2 voll., a cura di Graziella Chiarcossi e Walter Siti, prefazione di Giovanni Giudici, Garzanti, Milano, 1993.

Poesie scelte, a cura di Nico Naldini e Francesco Zambon, con un'introduzione di F. Zambon, Collana "Poeti del nostro tempo", TEA, Milano 1997; Collana "Poeti della Fenice", Guanda, Parma, 2015.

Tutte le poesie, 2 voll. in cofanetto, a cura e con uno scritto di Walter Siti, saggio introduttivo di Fernando Bandini, Collana "I Meridiani", Mondadori, Milano, 2003.

Narrativa

Ragazzi di vita, Garzanti, Milano 1955.

Una vita violenta, Garzanti, Milano 1959.

Donne di Roma. Sette storie di P.P.Pasolini, introduzione di Alberto Moravia, 104 fotografie di Sam Waagenaar, Collana "Specchio del mondo", n.8, Milano, Il Saggiatore, 1960.

L'odore dell'India, Longanesi, Milano 1962; Nuova ed., Guanda, Parma 1990, con un'intervista di Renzo Paris ad Alberto Moravia.

Il sogno di una cosa, Garzanti, Milano 1962.

Alì dagli occhi azzurri, Garzanti, Milano 1965.

Teorema, Garzanti, Milano 1968.

La Divina Mimesis, Einaudi, Torino 1975; Nuova ed. con una nota introduttiva di Walter Siti, Einaudi, 1993.

Amado mio preceduto da *Atti impuri*, con uno scritto di A. Bertolucci, edizione a cura di Concetta D'Angeli, Garzanti, Milano 1982.

Petrolio, a cura di Maria Careri e Graziella Chiarcossi, con una nota filologica di Aurelio Roncaglia, Einaudi, Torino 1992.

Un paese di temporali e di primule, a cura di Nico Naldini, Guanda, Parma 1993 [oltre a racconti, contiene saggi di argomento friulano]

Romàns, seguito da *Un articolo per il Progresso* e *Operetta marina*, a cura di Nico Naldini, Guanda, Parma 1994.

Storie della città di Dio. Racconti e cronache romane (1950-1966), a cura di Walter Siti, Einaudi, Torino 1995.

Romanzi e racconti, 2 voll., a cura di Walter Siti e Silvia De Laude, con due saggi di W. Siti, Mondadori, Milano 1998.

Sceneggiature e testi per il cinema

La notte brava, in *Filmcritica*, novembre-dicembre 1959.

Accattone, prefazione di Carlo Levi, FM, Roma 1961; poi in *Accattone, Mamma Roma, Ostia*, Introduzione di Ugo Casiraghi, Garzanti, Milano 1993-2019, pp.23–236.

Mamma Roma, Rizzoli, Milano 1962; poi in *Accattone, Mamma Roma, Ostia*, cit., pp.239–401.

Il Vangelo secondo Matteo, a cura di Giacomo Gambetti, Garzanti, Milano 1964; poi in *Il Vangelo, Edipo re, Medea*, Introduzione di Morando Morandini, Garzanti, Milano 1991-2006-2020, pp. 7–300.

La commare secca, in *Filmcritica*, ottobre 1965.

Uccellacci e uccellini, Garzanti, Milano 1966.

Edipo re, Garzanti, Milano 1967, poi in *Il Vangelo, Edipo re, Medea*, cit., pp. 313–454.

Che cosa sono le nuvole?, in *Cinema e Film*, 1969.

Porcile (soggetto del primo episodio, titolo originario *Orgia*), in *ABC*, 10 gennaio 1969.

Appunti per un poema sul Terzo Mondo (soggetto), in *Pier Paolo Pasolini. Corpi e luoghi*, a cura di Michele Mancini e Giuseppe Perrella, Theorema, Roma, 1981, pp. 35–44.

Ostia, un film di Sergio Citti, sceneggiatura di S. Citti e Pier Paolo Pasolini, Garzanti, Milano 1970; poi in *Accattone, Mamma Roma, Ostia*, cit., pp. 405–566.

Medea, Garzanti, Milano 1970; poi in *Il Vangelo, Edipo re, Medea*, cit., pp. 475–605.

Storie scellerate, un film di Sergio Citti, soggetto e sceneggiatura di S. Citti e Pier Paolo Pasolini 1973.

Il padre selvaggio (racconto-sceneggiatura scritto nel 1963 per un film mai realizzato), Collana "Nuovi Coralli", n.114, Einaudi, Torino, I ed. 1975.

Trilogia della vita (*Il Decameron, I racconti di Canterbury, il Fiore delle Mille e una notte*), a cura di Giorgio Gattei, Cappelli, Bologna, 1975.

San Paolo, Collana "Supercoralli", Nuova serie, Einaudi, Torino, 1977.

Appunti per un'Orestiade africana, a cura di Antonio Costa, Quaderni del Centro Culturale di Copparo, Copparo (Ferrara) 1983.

Ignoti alla città (commento), in Pier Paolo Pasolini, *Il cinema in forma di poesia*, a cura di Luciano De Giusti, Cinemazero, Pordenone 1979, pp. 117–18.

La canta delle marane (commento), *ibid.*, pp. 119–20.

Comizi d'amore (scaletta preparatoria), *ibid.*, pp. 123–27.

Storia indiana (soggetto), *ibid.*, pp. 134–35.

Le mura di Sana'a (commento), in *Epoca*, 27 marzo 1988.

Porno-Teo-Kolossal, in *Cinecritica*, aprile-giugno 1989.

Sant'Infame, *ivi*.

La Terra vista dalla Luna, sceneggiatura a fumetti, presentazione di Serafino Murri, in *MicroMega*, ottobre-novembre 1995.

Film

Accattone (1961)

Mamma Roma (1962)

La ricotta, episodio di *Ro.Go.Pa.G.* (1963)

La rabbia (1963) docu-film in due parti (la seconda è per la regia di Giovannino Guareschi)

Comizi d'amore (1964)

Il Vangelo secondo Matteo (1964)

Sopralluoghi in Palestina per il Vangelo secondo Matteo (1965)

Uccellacci e uccellini (1966)

La Terra vista dalla Luna, episodio di *Le streghe* (1967)

Edipo re (1967)

Che cosa sono le nuvole?, episodio di *Capriccio all'italiana* (1968)

Appunti per un film sull'India (1968)

Teorema (1968)

La sequenza del fiore di carta, episodio di *Amore e rabbia* (1969)

Porcile (1969)

Medea (1969)

Appunti per un' Orestiade africana (1970)

Il Decameron (1971)

Le mura di Sana'a (1971)

I racconti di Canterbury (1972)

Il fiore delle Mille e una notte (1974)

Salò o le 120 giornate di Sodoma (1975)

Teatro

Italie Magique, in *Potentissima signora*, canzoni e dialoghi scritti per Laura Betti, Longanesi, Milano 1965, pp.187–203.

Pilade, in *Nuovi Argomenti*, luglio-dicembre 1967.

Manifesto per un nuovo teatro (saggio di estetica teatrale), in *Nuovi Argomenti*, gennaio-marzo 1968.

Affabulazione, in *Nuovi Argomenti*, luglio-settembre 1969.

Calderón, *Affabulazione*, "Pilade", Garzanti, Milano, 1973.

I Turcs tal Friùl (*I Turchi in Friuli*), a cura di Luigi Ciceri, Forum Julii, Udine, 1976; (nuova edizione a cura di Andreina Nicoloso Ciceri, Società filologica friulana, Udine 1995).

Affabulazione-Pilade, presentazione di Attilio Bertolucci, Garzanti, Milano, 1977.

Porcile, Orgia, Bestia da stile, con una nota di Aurelio Roncaglia, Garzanti, Milano, 1979.

Teatro (*Calderón, Affabulazione, Pilade, Porcile, Orgia, Bestia da stile)*, prefazione di Guido Davico Bonino, Collana "Gli elefanti. Teatro", Garzanti, Milano, 1988 (la pubblicazione comprende anche "Il manifesto per un nuovo teatro").

Affabulazione, con una nota di Guido Davico Bonino, Collezione di teatro, Einaudi, Torino, 1992.

La sua gloria (dramma in 3 atti e 4 quadri, 1938), in *Rendiconti 40*, Ed. Pendragon (a cura di Roberto Roversi) marzo 1996, pp. 43–70.

Teatro, a cura di Walter Siti e Silvia De Laude, con due interviste a Luca Ronconi e Stanislas Nordey, Collana "I Meridiani", Mondadori, Milano 2001.

Bestia da stile, a cura di Pasquale Voza, Editrice Palomar, Bari, 2005.

Il Teatro, I. Calderón, Affabulazione, Pilade, Prefazione di Oliviero Ponte di Pino, Appendice di scritti di critica teatrale di PPP tra il 1961 e 1973, Collana "Novecento", Garzanti, Milano, 2010.

Il Teatro, II. Porcile, Orgia, Bestia da stile, Prefazione di Oliviero Ponte di Pino, Collana "Novecento", Garzanti, Milano, 2010.

Saggi

Paolo Weiss, testo di Pasolini, con 34 tavole del pittore, Edizioni della Piccola Galleria, Roma, 1946.

Passione e ideologia (1948-1958), Garzanti, Milano 1960; con un saggio introduttivo di Cesare Segre, Einaudi, Torino, 1985; nuova ed., prefazione di Alberto Asor Rosa, Garzanti, Milano, 1994.

Donne di Roma, con introduzione di Alberto Moravia, Il Saggiatore, Milano, 1960.

Empirismo eretico, Garzanti, Milano, 1972.

Scritti corsari, Garzanti, Milano, 1975.

Lettere luterane, Einaudi, Torino, 1976.

Descrizioni di descrizioni, a cura di Graziella Chiarcossi, Collana "Gli struzzi", n.194, Einaudi, Torino, I ed. 1979.

Il Portico della Morte, a cura di Cesare Segre, "Associazione Fondo Pier Paolo Pasolini", Garzanti Milano, 1988.

Antologia della lirica pascoliana. Introduzione e commenti, a cura di Marco Antonio Bazzocchi, saggio introduttivo di M. A. Bazzocchi ed Ezio Raimondi, Collana "Gli struzzi", n.460, Einaudi, Torino 1993.

I film degli altri, a cura di Tullio Kezich, Guanda, Parma 1996.

Pier Paolo Pasolini e il setaccio 1942-1943, a cura di Mario Ricci, Cappelli, Bologna 1977, con scritti di Roberto Roversi e Gianni Scalia.

Nota sull'odierna poesia, "Gioventù italiana del Littorio. Bollettino del Comando federale di Bologna", aprile 1942, p. 6.

Saggi sulla letteratura e sull'arte, 2 voll., cura di Walter Siti e Silvia De Laude, con un saggio di Cesare Segre, Collana "I Meridiani", Mondadori, Milano, 1999.

Saggi sulla politica e sulla società, a cura di Walter Siti e Silvia De Laude, con un saggio di Piergiorgio Bellocchio, Collana "I Meridiani", Mondadori, Milano 1999.

Il mio cinema, Collana "Il cinema ritrovato", Cineteca di Bologna, 2015.

Dialoghi con i lettori

Le belle bandiere. Dialoghi 1960-65, a cura di Gian Carlo Ferretti, Collana "I David", n.19, Roma, Editori Riuniti, 1977. [contiene una scelta dei dialoghi apparsi sul settimanale *Vie Nuove* tra il 4 giugno e il 30 settembre 1965]

Il caos, a cura di Gian Carlo Ferretti, Collana "I David", Roma, Editori Riuniti, dicembre 1979. [contiene una scelta dei dialoghi apparsi sul settimanale *Tempo*, dal 6 agosto 1968 al 24 gennaio 1970]; Collana "Saggi", Garzanti, Milano, 2015.

I dialoghi, a cura di Giovanni Falaschi, prefazione di Gian Carlo Ferretti, Collana "I Grandi", Roma, Editori Riuniti, 1992 [comprende tutti i dialoghi apparsi su *Vie Nuove* e su *Tempo*].

Epistolari

Lettere agli amici (1941-1945), Collana "Biblioteca della Fenice" n.3, Parma, Guanda, 1976.

Lettere 1940-1954, Con una cronologia della vita e delle opere, a cura di Nico Naldini, Collana "Biblioteca dell'Orsa" n.2, Torino, Einaudi, 1986.

Lettere 1955-1975, a cura di Nico Naldini, Collana "Biblioteca dell'Orsa", Torino, Einaudi, 1988.

Vita attraverso le lettere, A cura di Nico Naldini, Collana "ET Scrittori", Torino, Einaudi, 1994.

Interviste

Il sogno del centauro, A cura di Jean Duflot. Prefazione di Gian Carlo Ferretti, Collana "Universale scienze sociali", Roma, Editori Riuniti, 1983. (lunga intervista concessa in due tempi - 1969 e 1975 - apparsa dapprima in francese - nel 1970 e nel 1981 - col titolo *Les dernières paroles d'un impie*); Collana "I libelli", Editori Riuniti, II ed. 1993.

Pasolini su Pasolini. Conversazioni con Jon Halliday, traduzione di C. Salmaggi, Collana "Biblioteca della Fenice", Parma, Guanda, 1992.

Interviste corsare sulla politica e sulla vita 1955-1975, A cura di Michele Gulinucci, Roma, Liberal Atlantide editoriale, 1995.

Furio Colombo e Gian Carlo Ferretti (a cura di), L'ultima intervista di Pasolini, Collezione Le Coccinelle, Avagliano Editore, 2005.

Povera Italia. Interviste e interventi, 1949-1975, A cura di Angela Molteni, Kaos Edizioni, 2013.

Polemica Politica Potere, conversazioni con Gideon Bachmann, A cura di Riccardo Costantini, Collana "Reverse", Milano, Chiarelettere, 2015.

Curatele

Poesia dialettale del Novecento, a cura di Mario dell'Arco e Pier Paolo Pasolini, introduzione di Pasolini, collezione La Fenice n.21, Guanda, Parma, 1952; nuova edizione, prefazione di Giovanni Tesio, Collana "Gli struzzi", Einaudi, Torino, 1995.

Canzoniere italiano. Antologia della poesia popolare, a cura di Pier Paolo Pasolini, collezione La Fenice, Guanda, Parma, 1955, II ed. 1975; nuova edizione, 2 voll., collezione I Garzanti n.400-401, Garzanti, Milano, I ed. ottobre 1972; Collana Gli Elefanti Poesia, Garzanti, I ed. 1992 - II ed. 2006; prefazione di Alberto Mario Cirese, Collana "Elefanti bestseller", Garzanti, 2019.

Programmi radiofonici

Paesaggi e scrittori: il Friuli, a cura di Pier Paolo Pasolini, sabato 17 agosto 1956, RAI programma nazionale.

Erminia Passannanti è professoressa di Lingua, Civiltà e Letteratura Inglese per il Ministero della Pubblica Istruzione italiano. Ha conseguito il primo dottorato di ricerca a University College London nel 2004 sull'opera di Franco Fortini e ha ottenuto un secondo dottorato di ricerca nel 2014 presso Brunel University (England) in Social Sciences and Media Communication con una tesi sul cinema italiano e la censura religiosa. È vincitrice del concorso a cattedra del 2000. Le sue ricerche spaziano tra filosofia della letteratura, storia delle idee, studi di traduttologia e critica cinematografica.

Già vincitrice di tre edizioni di premi nazionali di poesia, "Laura Nobile" (1993, 1995), "Davide Maria Turoldo" (2003), nel dicembre del 2011, E. Passannanti ha vinto il primo premio per la sezione "Saggistica" del concorso "Franco Fortini" (2011). È ideatrice e direttrice della Collana "Transference. Poesia e Cinema", Edizioni Joker.

Collabora con la rivista accademica Annali di Italianistica (USA). È stata co-redattrice della rivista accademica, *La libellula di italianistica* (Galway University). Collabora a *L'Ospite Ingrato*, del Centro/Archivio Franco Fortini.

Pubblicazioni su Pier Paolo Pasolini:

* *Il Corpo & il Potere. Salò o le 120 Giornate di Sodoma di Pier Paolo Pasolini* (Troubador, 2004);
**Linguaggi e metalinguaggi ne La ricotta di Pier Paolo Pasolini. IL CIBO* (Brindin Press, UK, 2005);
* *La ricotta. Il Sacro Trasgredito, su P.P Pasolini e la censura clericale* (2008);
* *Il Cristo dell'Eresia. Rappresentazione del sacro e censura nei film di Pier Paolo Pasolini* (Joker, 2009);
* *La nudità del sacro nei film di Pier Paolo Pasolini* (2019).
*Pasolini interprete di Gesù attraverso il suo alter ego, Enrique Irazoqui (2020).